ALBERTO BONDOLFI

ETHIK UND SELBSTERHALTUNG

STUDIEN ZUR THEOLOGISCHEN ETHIK

ÉTUDES D'ÉTHIQUE CHRÉTIENNE

Herausgegeben durch das moraltheologische Institut
der Universität Freiburg Schweiz
unter der Leitung von

Adrian Holderegger und Carlos Josaphat Pinto de Oliveira

30

ALBERTO BONDOLFI

ETHIK UND SELBSTERHALTUNG

Sozialethische Anstöße

UNIVERSITÄTSVERLAG
FREIBURG SCHWEIZ

VERLAG HERDER
FREIBURG - WIEN

CIP-Titelaufnahme der Deutschen Bibliothek

Bondolfi, Alberto:
Ethik und Selbsterhaltung: sozialethische Anstösse / Alberto Bondolfi. –
Freiburg, Schweiz: Univ.-Verl.; Freiburg i. Br.; Wien: Herder, 1990
(Studien zur theologischen Ethik; 30)
ISBN 3-451-21857-7 (Herder)
ISBN 3-7278-0668-0 (Univ. Verl.)
NE: GT

Die Druckvorlagen der Textseiten
wurden vom Autor ab Datenträger
als reprofertige Vorlage zur Verfügung gestellt

Paulusdruckerei Freiburg Schweiz

ISBN 3-7278-0668-0 (Universitätsverlag)
ISBN 3-451-21857-7 (Verlag Herder)

INHALTSVERZEICHNIS

VORWORT

Ich habe hier einige Aufsätze, welche in verschiedenen Zeitschriften veröffentlicht worden sind, gesammelt und geordnet. Damit wird sichtbar, in welchen thematischen Bereichen nicht nur meine persönliche Arbeit, sondern vielmehr heutige ethisch-philosophische und ethisch-theologische Forschung und Lehre sich entwickelt.
Diese Texte gehen auf *"ökumenische"* Situationen zurück. Mit *"ökumenisch"* meine ich hier drei Dimensionen, in denen in letzter Zeit meine Arbeit sich entwickelt hat: die interkonfessionelle, die interkulturelle und die internationale. Ich wurde in der Tat oft eingeladen, Katholiken evangelische Positionen vorzustellen, Italienischsprachigen die Resultate deutschsprachiger Forschung zu vermitteln und im Ausland die Situationen der Schweiz zu schildern (oder das Gleiche in der jeweils "anderen" Richtung).
Somit gehört die "Grenzüberschreitung" zu meiner theologischen und sonstigen biographischen Grunderfahrung, zumindest während der letzten Jahre. Im Lichte dieser Situation und psychischen Grundbefindlichkeit sind also auch die vorliegenden Aufsätze zu verstehen.
Ich möchte an dieser Stelle allen danken, die mir bei der Redaktion und praktischen Herstellung der Druckvorlage geholfen haben. Besonders möchte ich hier Frau Ursula Riedi Galbier, Frau Rita König und die Herren Hans Thomas und Walter Lesch für ihren Einsatz erwähnen. Ein besonderer Dank gilt auch den Studienkollegen Prof. Dr. Adrian Holderegger und lic. theol. Anton Scherer für die freundliche Übernahme des Manuskriptes in der Reihe *Studien zur theologischen Ethik*.

Alberto Bondolfi

Teil 1

ALLGEMEINE ETHISCHE BEITRÄGE

I. SOZIALETHISCHE GRUNDLAGEN IM WANDEL DER GESELLSCHAFT

Ein Jubiläum* scheint auf den ersten Blick ein Anlaß zum Feiern zu sein. Und das Feiern wiederum sollte keinen Grund geben, um sich mit ernsten oder kritischen Gedanken zu beschäftigen.
Wenn man aber intensiver nachdenkt, wird man einsehen, daß zum Wesen des Feierns auch kritische Reflexion gehört. Zu Recht behauptet der amerikanische Theologe Harvey Cox:

> "Festlichkeit durchbricht die Routine und öffnet den Menschen für die Vergangenheit, sie erweitert seine Erfahrung und reduziert seinen Provinzialismus."[1]

Mit anderen Worten kann und soll jedes Fest eine Gelegenheit sein, an Vergangenheit sich so zu erinnern, daß dabei die Gegenwart nicht vernebelt oder verraten wird und darüber hinaus schöpferische Räume geschaffen werden für eine partielle, aber reale Vorwegnahme der Zukunft.
Dies soll also heute geschehen mit einigen Überlegungen zu angemessenen sozialethischen Grundlagen im Wandel unserer Gesellschaft. Das Stichwort "Wandel" erinnert uns alle daran, daß es keinen solchen geben kann ohne *Krisen.* Die offensichtliche Krise des Ethischen wird also der erste Gegenstand meiner Ausführungen sein. In einer zweiten Etappe möchte ich einige *Interpretationen* dieser Krise darstellen und zwei meiner Meinung nach ungenügende *Überwindungsstrategien* derselben rekonstruieren. Abschließend habe ich die Absicht, drei konstruktive *Vorschläge* auf dem Weg zu einer zeitgemäßen ethischen Reflexion zu skizzieren.

---

* Dieser Aufsatz wurde als Referat anläßlich des 50-jährigen Jubiläums des Schweiz. Kath. Anstalten-Verbands gehalten. Er erschien zuerst in: *50 Jahre Schweiz. Kath. Anstalten-Verband 1932-1982. Bewährung im Wandel. Festschrift zum Jubiläum.* Hrsg. vom Schweiz. Kath. Anstalten-Verband. Luzern 1982, 20-29.

1 Vgl. Cox, H.: *Das Fest der Narren.* Stuttgart 1970², 21.

1. Die offensichtliche Krise des Ethischen

Die heutige Zeit steht - für diesen Sachverhalt brauche ich keine besonderen Beweise zu liefern - in einer tiefen ethischen Krise. Über diese Tatsache besteht sicherlich auch unter uns ein einhelliger Konsens, obwohl die nähere Diagnose des Übels noch relativ offenbleibt. Wir haben es in der Tat mit einer besonders paradoxen Situation zu tun. Letztere hat der Philosoph K. O. Apel gut geschildert, wenn er sagt:

> "Einerseits war das Bedürfnis nach einer universalen, d. h. für die menschliche Gesellschaft insgesamt verbindlichen Ethik noch nie so dringend wie in unserem Zeitalter, einer durch die technologischen Konsequenzen der Wissenschaft hergestellten planetaren Einheitszivilisation. Andererseits scheint die Aufgabe einer rationalen Begründung allgemeiner Ethik noch nie so schwierig, ja aussichtslos gewesen zu sein wie im Zeitalter der Wissenschaft, und zwar deshalb, weil die Idee intersubjektiver Geltung in diesem Zeitalter ebenfalls durch die Wissenschaft präjudiziert ist. ..."[2]

Vor dieser paradoxen, aber nicht völlig aussichtslosen Lage des Ethischen helfen Strategien der Isolation und der Resignation sowie unkritische, nur gefühlsmäßig begründete Enthusiasmen nicht weiter. Wir brauchen eher den Mut zu kleinen Schritten der aufmerksamen Analyse, des Detailurteils, ohne sofort eine Art Gesamtabrechnung mit unserer Zeit vornehmen zu wollen.
Im Sinne dieser Suche möchte ich nun eine erste Unterscheidung einführen. Wir stehen zuerst einmal vor einer Art doppelter Krise: *Krise des Ethos und Krise der Ethik.* Es handelt sich im Grunde um ein einziges Grundphänomen, aber diese Einteilung hilft uns, seine Konturen besser wahrzunehmen.

1.1. Die Krise des Ethos

Lange bevor jeder von uns theoretische Überlegungen anstellt über die ethische Not unserer Zeit, spürt er sie alltäglich und nur zum Teil bewußt am eigenen Leibe. Als *Individuen* haben wir manchmal Mühe, traditionelle moralische Normen heute weiterhin anzuwenden.

---

2 Apel, K.O.: *Transformation der Philosophie.* Frankfurt/M. 1974, 2 Bde., II, 359.

Bestimmte Werte, an denen wir immer noch hängen, kollidieren auf eine ganz neue Weise mit anderen Werten, mit denen wir uns ebenfalls identifizieren können. Wir stehen oft in einer Situation der Ausweglosigkeit und haben manchmal das Gefühl, daß wir so oder so bei jeder Entscheidung immer schuldig werden.
Als Beispiel dieser Ausweglosigkeit nenne ich hier, aus meiner eigenen Lebenserfahrung schöpfend, das Umgehen mit meinem Kind. Was für Normen muß ich ihm vermitteln? Diejenigen, die ich selber während meiner Kindheit erhalten habe und mit denen ich selber heute nur zum Teil umgehen und leben kann? Soll ich das Kind eher zu einer Art mittleren, dem Standard der Gesellschaft entsprechenden Moral erziehen? Oder es lediglich zu einer offenen Autonomie befähigen? Jede Entscheidung (und das Nichtentscheiden ist auch eine solche) wird irgendwie ein Gefühl der Unzufriedenheit hinterlassen.
Nicht nur die Individuen erleben die Krise des Ethischen, sondern auch *Gruppen, Gemeinschaften* und *Institutionen.* Die Grundverpflichtung vieler Institutionen zu einer umfassenden "Weltanschauung" oder zu einem bestimmten "Menschenbild", eine Verpflichtung, die sich bis zur öffentlichen Benennung manifestiert (das "C", das "K" vieler Vereine, Institutionen, Parteien usw.), entschärft diese Krise nicht. Im Gegensatz dazu wirkt manchmal die Bezeichnung oder die Etikette geradezu verschärfend.
Ich kann hier nicht im Namen der im SKAV vertretenen Institutionen reden und für diesen eine Bilanz dieser ethischen Identitätskrise ziehen. Die Tatsache aber, daß man sich für eine gemeinsame Besinnung um "Bewährung im Wandel" versammelt hat, ist an sich schon ein Zeichen, daß man sich dieser Krise des Ethischen auch auf institutioneller Ebene voll bewußt ist. Diese im Alltag auf vortheoretische Weise von uns allen erlebte Unsicherheit ist nun, wenn auch unter anderen Bedingungen und Vorzeichen, im wissenschaftlichen Bereich der philosophischen und der theologischen Ethik anzutreffen. Die ethisch-philosophische Reflexion befindet sich in letzter Zeit in einem Zustand, den man Gnadenzustand nennen könnte. Nie ist die ethische Diskussion während dieses Jahrhunderts so reich und so lebendig gewesen wie in den letzten zehn Jahren. Wir stehen vor einer sogenannten Rehabilitierung oder Renaissance der praktischen Philosophie, welche die Not und die Suche nach Wörtern und Normen in unserer Zeit widerspiegelt.

1.2. Die Krise der philosophischen und theologischen Ethik

Diese erfreuliche Entwicklung sollte uns aber nicht täuschen. In der Tat herrscht zur Zeit keineswegs ein Konsens über Gegenstand, Methoden und Ziele der ethischen Reflexion und der ethischen Forschung. Die Ansichten über den *Gegenstand* der Ethik - um hier den ersten Dissens kurz zu erläutern - sind nicht leicht unter einen Hut zu bringen. Unser ethisches Bewußtsein hat sich bis zum heutigen Tag eher auf einen *Nahbereich* der zwischenmenschlichen Beziehungen konzentriert, mit einigen Konsequenzen für den *Mittelbereich* des Lebens in einer staatlich organisierten Gesellschaft. Heute stehen wir in einer *makroplanetarischen* ethischen Verantwortung der ganzen Erde, ja sogar dem Kosmos gegenüber. Alle diese Schichten der Verantwortung harmonieren leider oftmals nicht miteinander. Manchmal entstehen sogar harte normative Konflikte und Widersprüche zwischen den verschiedenen Ebenen, wo das ethisch Gute verwirklicht werden sollte. Denken wir nur, um ein bekanntes Beispiel zu erwähnen, an die Legitimität für ein Ehepaar, so viele Kinder zu haben, wie man wünscht und imstande ist zu erziehen, und an die sittliche Pflicht für die gesamte Menschheit, eine realistische Bevölkerungspolitik zu realisieren. Beide Ebenen mit ihren ethisch motivierten und wohlbegründeten Ansprüchen kollidieren, wenn auch nicht in einer völlig aussichtslosen Weise.

Soviel zu den Schwierigkeiten mit dem Gegenstand der Ethik. Die Diskussionen um die *Methode* sollen hier nicht besonders erörtert werden, obwohl man sich bewußt sein sollte, daß diese nicht rein theoretischer Natur sind, sondern ganz schwerwiegende praktische Konsequenzen bis in unser Alltagsleben bewirken. Denken wir nur an die bis heute wirkenden Konsequenzen der Weberschen Trennung zwischen Tatsachen und Werten bei seiner Idealvorstellung der Sozial- und Humanwissenschaften. Ich zitiere aus dem Werk Max Webers: "Die stete Vermischung wissenschaftlicher Erörterung der Tatsachen und Werte der Räsonnements ist eine der zwar noch immer verbreitetsten, aber auch schädlichsten Eigenarten von Arbeiten unseres Faches [die Sozialwissenschaften überhaupt]. Gegen diese Vermischung, nicht etwa gegen das Eintreten für die eigenen Ideale, richten sich die vorstehenden Ausführungen. Ob sich das urteilende Subjekt zu letzten (sittlichen) Maßstäben bekennen soll, ist seine persönliche Angelegenheit und eine Frage seines Wollens und Gewissens, nicht des Erfahrungswissens."[3]

---

3 Weber, M.: *Methodologische Schriften.* Frankfurt/M. 1968, 12 u. 6.

Diese scharfe Trennung zwischen nackten Tatsachenwissenschaften und wertendem Wissen wird heute kaum mehr in dieser Schärfe weitervertreten. Die Wunden dieser Trennung sind aber immer noch präsent und können sich leicht wieder öffnen, aber dies mit schmerzlichen Konsequenzen. Eine dieser möglichen Folgen besteht eben darin, die Wissenschaftlichkeit der normativ-ethischen Reflexion so radikal in Frage zu stellen, daß die einzige wissenschaftliche Aufgabe, die der Ethik zukommen würde, in der *Sprachanalyse ihrer Terminologie* bestehen sollte. Ethik ist demnach nicht, wie im herkömmlichen Sinne gemeint war, eine geordnete Lehre über die Grundlagen der gelebten Moral, sondern (ich zitiere hier eine Definition von Manfred Riedel) nur "die Untersuchung dessen, was die Moralsprache zum Gegenstand hat."[4]

Somit ist auch die Frage der *Ziele* durch diese radikale methodologische Einengung der Gegenstände der Ethik schon negativ präjudiziert.

Ich habe bisher versucht, einige allgemeine Schwierigkeiten zeitgemäßen ethischen Denkens zu skizzieren mit bewußter Nichterwähnung der theologischen Disziplinen. Es soll nun ein Zweites unternommen werden, nämlich eine kurze Darlegung der Grundzüge der heutigen *ethisch-theologischen Krise*. Es ist selbstverständlich, daß die komplexen Wandlungen, die sich heute auf praktischer Ebene in der Gesellschaft und auf theoretischer Ebene in den verschiedenen wissenschaftlichen Disziplinen vollziehen, notwendigerweise auch den gläubigen Menschen in seinem Handeln und in seiner Reflexion tief tangieren. Diese Herausforderung betrifft auch die Fähigkeit der Sprache des Glaubens, in einer einsichtigen Weise handlungsorientierend zu sein. Wie drückt sich aber diese spezifisch innerchristliche und innerkirchliche Krise aus? Ich kann hier auf diese Frage keine ausführliche Antwort geben, sie wäre ja für sich genommen Gegenstand eines eigenen Vortrages. Ich werde nur einige Elemente für eine kleine Phänomenologie des erwähnten Sachverhaltes geben, verbunden mit einer faktischen (nicht prinzipiellen) Aufmerksamkeit für die innere Lage der katholischen Kirche.

Im römischen Katholizismus hat sich die Krise des Ethischen zuerst in der Form der *radikalen Infragestellung des Autoritätsprinzips* geäußert. Es wird in erster Linie nicht die prinzipielle Kompetenz der Kirchenleitung, zu moralischen Problemen Stellung zu nehmen, problematisiert, sondern die Art und Weise, wie diese Kompetenz faktisch ausgeübt wird.

---

[4] Riedel, M.: *Norm und Werturteil. Grundprobleme der Ethik*. Stuttgart 1979, hier 7.

Mit Bezug auf das berühmte Kirchendokument *"Humanæ Vitæ"* behauptet in diesem Zusammenhang der Tübinger Moraltheologe A. Auer: "Mit dieser Enzyklika ist eine bestimmte Form verbindlichen lehramtlichen Sprechens über Fragen der sittlichen Lebensgestaltung unverkennbar an ihre Grenzen gekommen und hat damit sich selbst in Frage gestellt."[5] Diese Wirkungsunfähigkeit der Autoritätsargumentation wird hier nur als Indikator für zwei andere Dimensionen der innerkirchlichen Aspekte der sittlichen Not unserer Zeit zitiert.

Zuerst manifestiert das Phänomen der Autoritätsabnahme sein Spiegelbild in der Zunahme der Sichtbarkeit der normativen Kraft der sozial erzeugten und entwickelten Überzeugungen und Normen. Zum zweiten sind die Äußerungen des kirchlichen Lehramtes immer mehr mit einer gesellschaftlichen Situation konfrontiert, die nicht automatisch die normative Komponente dieser Äußerungen öffentlich-rechtlich anerkennt oder strafrechtlich sanktioniert.

In der kompakten Formulierung des Theologen D. Mieth heißt das:

> "Die Zeiten einer weitgehenden Übereinstimmung von kirchlichem, gesellschaftlichem und rechtlichem Sittenverständnis sind vorbei."[6]

Die ethisch-theologische Forschung hat auf dieses hochkomplexe Phänomen reagiert und ihre Aufmerksamkeit nun der Suche nach einer Spezifität der christlichen Moral gewidmet. Die lange Debatte um diese Spezifität braucht hier nicht, auch nicht in groben Zügen, rekonstruiert zu werden. Ihre Erwähnung dient nur einem besseren Verständnis der nun vielzitierten Krise. Beide Parteien der Diskussion, sowohl diejenige, welche die Existenz von materiell-spezifisch christlichen Normen leugnen, als auch die Ethiker, die spezifisch christliche Gebote entdeckt haben wollen, manifestieren in ihren gegensätzlichen Positionen die Schwierigkeit der Suche nach der Identität christlicher Moral. Alle sind sich einig in der Aussage, daß der christliche Glaube auf das sittliche Verhalten und auf das sittliche Leben jedes Gläubigen einen Einfluß hat. Es herrscht aber noch keine endgültige Klarheit über die Art und Weise dieser Wirkung des Glaubens. Dies führt wiederum zu einem diffusen Gefühl, bei dem die Grenzen in jedem von uns zwischen dem

---

5 Auer, A.: *Nach dem Erscheinen der Enzyklika "Humanæ Vitæ" - Zehn Thesen über die Findung sittlicher Weisungen*, in: Theologische Quartalschrift (1969) 75-85, hier 75.

6 Mieth, D.: *Zur Situation der Moral und des sittlichen Bewußtseins in Kirche und Gesellschaft*, in: Moral. Hrsg. von A. Hertz. Mainz 1972, 13-33, hier 13.

gläubigen Christen und dem weltlichen Menschen nicht scharf getrennt werden können.
Der geduldige Zuhörer meiner bisherigen Ausführungen könnte jetzt leicht den Eindruck haben, daß die heutige Krise im Bereich des Sittlichen die Christen, die Theologen und die Kirchenleitungen so unvorbereitet gefunden hat, daß diese davon quasi zur passiven Resignation gezwungen wurden. Dies trifft aber sicherlich nicht zu. Tatsächlich wollte ich bis jetzt nur eine Art Phänomenologie der ethischen Krise der Gegenwart geben. Es soll nun in einem zweiten Punkt gezeigt werden, daß theologische Antworten und Gesamtinterpretationen für diese Krise bereits gegeben worden sind.

2. Interpretationen

2.1. "Sittenzerfall"

Eine erste Interpretation kann am treffendsten mit dem Stichwort *"Sittenzerfall"* umschrieben werden. Nach diesem Interpretationsmuster ist die heutzutage allgemein verbreitete ethische Unsicherheit darauf zurückzuführen, daß der moderne Mensch den sicheren Boden der durch die Amtskirche verkündeten sittlichen Botschaft verlassen hat, um autonom mit der alleinigen Hilfe der Wissenschaft eine Lösung der Krise zu suchen. Beispiele für diese Sicht der Krise sind auch bei vorkonziliären Äußerungen der Päpste zu finden. So ruft z.B. Pius XII kurz vor der Eröffnung des Heiligen Jahres am 23. Dezember 1949 die Katholiken auf, über den Sinn des moralischen Zustandes, welcher seit der Aufklärung in der Welt verbreitet ist, nachzudenken. "Wie die moderne Welt es versuchte, das milde Joch Gottes abzuschütteln, so hat sie in derselben Weise zugleich auch die von ihm gesetzte Ordnung verworfen und stolz wie der aufrührerische Engel am Anfang der Schöpfung es unternommen, eine andere nach eigener Willkür an ihre Stelle zu setzen. Nach fast zwei Jahrhunderten trauriger Erfahrungen und Verirrungen bekennen alle, die noch aufrichtigen Sinnes und Herzens sind, daß derartige Verfügungen und Bestimmungen, die nur dem Namen, nicht aber dem Inhalt nach Ordnung bedeuten, nicht zu den versprochenen Ergebnissen geführt haben und auch nicht den natürlichen Anlagen des Menschen entsprechen."[7]

---

[7] Pius XII: *Radiobotschaft 23. 12. 1949*, in: AAS 42 (1950) 126-129; dt. in: Utz, F.A. - Groner, J.F.: *Soziale Summe Pius XII.* Freiburg i. Ue. 1954, 3 Bde., Bd. 1, Nr. 183.

Ich möchte an dieser Stelle den verstorbenen Papst weder loben noch kritisieren - melancholische bis erschütternde Beschreibungen der Sittenlage sind überall im *"Bullarium romanum"*, aber nicht nur dort, zu finden -, sondern nur bemerken, daß die Figur des "Sittenzerfalls" nicht in der Lage ist, die Eigenart der heutigen Situation zu erfassen.[8] Letztere wird zu schnell moralisiert, indem durch das Stichwort Sittenzerfall eine Art goldenes Zeitalter postuliert wird, in dem ethische Ruhe und Sicherheit geherrscht haben. Ein solcher Zustand ist aber mythologisch, weil es ihn nie gegeben hat. Jede geschichtliche Epoche hat ihre moralischen Konflikte gehabt und hat versucht, sie auf ihre Weise zu überwinden. Unsere Epoche mit ihren Generationen ist nur einem schnelleren Rhythmus der Veränderungen unterworfen und viel größeren und radikalen Möglichkeiten ausgesetzt. In diesem Kontext scheint mir die faule Wiederaufnahme der "Kapuzinerpredigt über den Zustand der Sitten" eine unsittliche und verantwortungslose Art, mit den moralischen Geboten der Stunde umzugehen.

2.2. "Säkularisierung"

Eine zweite Interpretation der heutigen ethischen Krise wird mit der bekannten Parole "Säkularisierung" umschrieben. Mit dem Wort "Säkularisierung" meine ich hier nicht so sehr diejenige Kategorie, mit der Sozialwissenschaften und Sozialphilosophie versucht haben, den während der Neuzeit fortdauernden Prozeß der Freisetzung weltlicher Verhaltens- und Bewußtseinsstrukturen aus dem Einflußbereich religiös bestimmter Vorstellungen zu begreifen, sondern eher die spezifisch *theologische These*, die mit diesem Stichwort eng verbunden ist.
Mit dem programmatischen Ausdruck *"Säkularisierungsthese"* sind in der Regel alle denkerischen Analysen und Anstrengungen angedeutet, mit denen sowohl evangelische als auch katholische Theologen der Nachkriegszeit versucht haben, die neuzeitlichen Errungenschaften von einem christlichen Standpunkt aus zu legitimieren. Diese beachtenswerte theologische Leistung geschieht, mindestens in klassischen Darlegungen von Autoren wie Gogarten und Metz, in *drei* kettenartig gebundenen *Denkschritten.* Zuerst wird die sozialwissenschaftliche Analyse der mannigfaltigen Entflechtung zwischen vielen Bereichen des gesellschaftlichen Lebens und der institutionalisierten Religion akzeptiert. Nach dem Motto "contra factum non valet argumentum"

---

[8] Näheres dazu in: Pinto de Oliveira, C.J.: *La crise du choix moral dans la civilisation technique.* Fribourg - Paris 1977.

(gegen Tatsachen gelten reine Argumente nicht mehr) versuchen viele Theologen, die bisher eher unreflektiert proklamierte Inkompatibilität zwischen der Glaubensüberzeugung und der Bejahung der Modernität aufzuheben. Mit anderen Worten ist die Verweltlichung der Welt - immer in der Meinung der Säkularisierungstheologen - nicht als Ereignis gegen den Willen Gottes, sondern zuerst als natürliches Gesellschaftsphänomen zu verstehen.[9]
In einem zweiten Denkschritt wird dann das Phänomen der Verweltlichung der Welt selbst theologisch positiv gedeutet. Weil Gott Gott ist, in seiner Transzendenz, läßt er die Welt weltlich sein. Der Mensch soll sich nicht an eine dualistische Moral halten, die ihn in Diesseitigkeit und Jenseitigkeit spaltet, denn es läßt sich keine Beziehung des Menschen zu Gott annehmen, die nicht gleichzeitig eine Beziehung zur Welt darstellen würde, und umgekehrt. Dabei handelt es sich nicht um eine Konzession an die jetzt veränderten Zeiten, sondern um eine echt theologische Aussage: Gott wird von der Welterfahrung her benannt und verstanden. Auch wer von dieser säkularen Beziehung zur Welt absehen zu können glaubt und sagt, er lebe in einer "vertikalen" Beziehung zu Gott, wäre wie jeder andere Mensch den weltlichen Daseinsbedingungen unterworfen, aber in diesem Falle unbewußt und auf entfremdende Weise. Selbst das zentrale Gebot der Nachfolge wird von den Säkularisierungstheologen dementsprechend formuliert. Ich zitiere J. B. Metz: "Zugehörigkeit zu Christus bedeutet nicht Abtrünnigkeit von der Welt. Der Preis, den der Christ für seine Christusnachfolge zahlt, ist nicht die Verneinung oder die Verachtung der Welt, sondern gerade die besondere Verantwortung der Welt, die Bereitschaft, sich der Welt ausliefern und anheimgeben zu lassen."[10]
In einem dritten Denkschritt wird die sogenannte "Säkularisierungsthese" vervollkommnet und sozusagen abgerundet. Nun wird die weltliche Welt nicht nur theologisch legitimiert, sondern sogar theologisch "abgeleitet." Ich nehme als Beispiel dieser Steigerung der theologischen Bejahung der Moderne wiederum eine Behauptung von J. B. Metz: "Die Weltlichkeit der Welt, wie sie im neuzeitlichen Verweltlichungsprozeß entstanden und in global verschärfter Form uns heute anblickt, ist in ihrem Grunde, freilich nicht in ihren einzelnen geschichtlichen Ausprägungen, nicht gegen, sondern *durch* das Chri-

---

9 Aus der Fülle der Literatur sei hier folgendes erwähnt: Lübbe, H.: *Säkularisierung. Geschichte eines ideenpolitischen Begriffs.* Freiburg i. Br. - München 1975; *Gesellschaft ohne Christentum?* Hrsg. von U. Hommes. Düsseldorf 1974.

10 Metz, J.B.: *Zur Theologie der Welt.* Mainz 1968, 92.

stentum entstanden: Sie ist ursprünglich ein *christliches Ereignis* und bezeugt damit die immer geschichtlich waltende Macht der 'Stunde Christi' in unserer Weltsituation."[11]
Ich habe die Grundzüge dieser fröhlichen, weltbejahenden Theologie nicht nur dargestellt, weil sie theoretisch interessant sind oder weil sie, zumindest vor einem Jahrzehnt, manche Buchhandlungsvitrinen gefüllt haben. Die Gründe liegen eher darin, daß diese theologische Bewältigung der heutigen ethischen Krise auch eine große Bedeutung für unsere kirchlichen Strukturen (inkl. "katholische Anstalten") erlangt hat. Die durch die Säkularisierungstheologie bewirkte Neubestimmung des Verhältnisses der Kirche zur Welt hat tiefgreifende institutionelle Konsequenzen gehabt.
Die spezifische Sendung der Kirche ist, immer den Grundorientierungen der Säkularisierungstheologie nach, in ihrem Bezug zum Heilsplan zu entdecken, der sich in der Zeit und voll am Ende der Zeiten verwirklicht im "Reiche Gottes, das nichts anderes ist als die völlig unter Gottes Herrschaft stehende Welt."[12] Auch die Kirche hofft in der Zeit auf diese Fülle, nicht nur für sich selbst, sondern auch für die Welt. Sie muß sich somit als vorläufige Gemeinschaft empfinden, deren Bestimmung es ist, letztlich nicht sich selbst zu behaupten, sondern das Reich Gottes zu verwirklichen. Metz sagt: "Kirche ist ja eigentlich um der Welt willen. Denn die Welt ist .... das Ende der Wege Gottes. Die Kirche selbst steht im Dienste des universalen Willens Gottes zur Welt."[13]
Es ist also mehr als verständlich, daß ein solcher Ansatz, obwohl er einen wichtigen Beitrag zur Interpretation der theologischen Bedeutung unserer Zeitepoche geliefert hat, auf Widerstände bei einzelnen Christen und vor allem bei christlichen Institutionen gestoßen ist.

2.3. Kritische Interpretationsperspektiven

Es soll also eine Neubestimmung zwischen der weltlichen Realität und der christlichen Botschaft gefunden werden. Letztere soll nicht einfach, im Namen einer falsch verstandenen Bejahung der Weltlichkeit der Welt, das Bestehende oder das Herrschende theologisch bestätigen, sondern ein kreatives und kritisches Verhältnis zur krisenhaften Wirklichkeit der heutigen Zeit suchen und finden.

---

[11] a.a.O. 16 f.

[12] a.a.O.

[13] a.a.O. 45.

Deshalb ist es dringlich notwendig, neue Verständnisparameter zu finden, die sich nicht bloß darauf beschränken, die "Verspätung" der theologischen Reflexion der heutigen Welt gegenüber a posteriori zu legitimieren oder im Schnellverfahren nachzuholen, sondern die deren innere Mechanismen und verborgene Ursachen erklären. Die Unzulänglichkeit vieler heutiger ethisch-theologischer Ansätze zur Bewältigung der moralischen Konflikte unseres Lebens ist, meines Erachtens, nicht in erster Linie damit gegeben, daß sie die Grundlagen der Moderne prinzipiell oder abstrakt annehmen oder ablehnen, sondern in ihrer unkritischen Haltung gegenüber den verschiedenen möglichen Deutungen der gegenwärtigen Situation. Ich bin meinerseits eher der Überzeugung, daß die eigentliche Aktualität und echte Modernität eines theologischen Angebots sich zuerst nach dessen Fähigkeit bemißt, seine Widersprüche und Sackgassen im Horizont einer kritischen Sicht der modernen Kultur zu analysieren. Eine echt theologische Einstellung zum heutigen Gesellschaftswandel wird somit von einem kontinuierlichen, methodischen sic et non, ja und nein, charakterisiert sein, nie außerhalb der geprüften Phänomene und Konflikte, sondern innerhalb ihrer Dynamik und Widersprüche. Der wache Theologe wird den Bezug zu seiner eigenen Tradition nicht als zwangsläufig zerrissen und schizophren empfinden dürfen. Das Festhalten an einem rigorosen, scheinbar entsakralisierenden Prinzip widerspricht nicht dem noch getreueren Festhalten am Ärgernis erregenden Charakter, den die Botschaft des Evangeliums auch für die verschiedenen Formen der moralischen Selbstverständlichkeiten der Moderne hat. Der theologischen Arbeit eröffnet sich in diesem Licht ein Programm, das ich in die folgende These zusammenfassen möchte:

> Die Widerstände der Theologie und der kirchlichen Praxis gegen die moderne Welt wie auch die Anpassungen an sie sind unter dem Interpretationshorizont zu verstehen, der von der kritischen Analyse der Widersprüche dieser Welt erschlossen wird.

Mit diesem vorläufigen Resultat, das später theologisch weiter zu präzisieren ist, habe ich einige theologische Interpretationen der heutigen Krise einzuschätzen versucht, und nach diesem zweiten Punkt werde ich kurz einige Strategien zur Überwindung der Krise skizzieren.

Diese Strategien sind als Versuche zu betrachten, welche die ethische Unsicherheit durch institutionelle Muster konkret überwinden wollen. Diese Modelle, die ich sozialethisch und theologisch gesehen als ungenügend erachte, sind vor allem wichtig, weil sie indirekt einen Beitrag zur Interpretation und zur Bewältigung der prekären Lage des Verhältnisses zwischen den Kirchen und der industriellen und technisierten Gesellschaft leisten wollen.

3. Ungenügende Überwindungsstrategien

Die Existenz oder besser gesagt die Wiederbelebung von solchen institutionellen Modellen ist heute, am Anfang der achtziger Jahre, wieder populärer als in den letzten zwei Jahrzehnten. Die blinde Annahme der heutigen komplexen gesellschaftlichen Situation einfach als "Säkularität" hat viele Christen in ihrer ethischen Unsicherheit allein gelassen.

3.1. Auf der Suche nach einer neuen "christlichen Zivilisation"

Es ist also verständlich (und dies wäre die erste Überwindungsstrategie), daß auch Vorschläge gemacht werden, die alte Christenheit wieder zu beleben. Aufrufe zur Rekonstruktion einer *"christlichen Zivilisation"* sind heute wieder populär und zum Teil hoch im Kurs. Die vergangene Harmonie zwischen dem Gottesvolk und dem Volk überhaupt, zwischen Thron und Altar, sollte demnach wieder in Gang gebracht werden, und zwar mit Hilfe von gut organisierten militanten "Bewegungen" oder mit einer dezidierteren oder profilierteren Ausprägung von bestehenden kirchlichen Institutionen. Eine solche Versuchung könnte eventuell auch bei einigen Mitgliedern Ihrer Vereinigung anzutreffen sein. Letzteres kann ich, darf ich und möchte ich gar nicht beurteilen.
Was mir wichtig erscheint, ist, daß wir alle, auch die katholischen Anstalten, befähigt sein sollten, diese neokonservativistischen Versuche in ihrem echten Anliegen zuerst zu verstehen und dann so zu handeln, daß wir dem Anliegen, wenn auch auf eine korrektere Weise, Rechnung tragen.
Es muß zuerst festgestellt werden, daß diese neokonservativen Versuche, welche die ethische und theologische Krise der Gegenwart durch Wiederbelebung alter institutioneller Zustände überwinden möchten, der Tradition, die sie verteidigen wollen, nicht gerecht werden. Diese Rückgewinnungsoperationen entstellen das, was der Tradition eigen war, weil sie letztere vom gesellschaftlich-kulturellen Erdreich lösen,

das sie hervorgebracht hat und deren echter Ausdruck sie gewesen ist, und in den Dienst grundsätzlich anderer Anforderungen stellen.
Dieser Widerspruch, der jedem Traditionalismus innewohnt, wurde vom Philosophen Max Horkheimer richtig gesehen, wenn er sagt:

> "Je mehr diese künstlichen Renaissancen bestrebt sind, den Buchstaben der ursprünglichen Lehren unverletzt zu erhalten, desto mehr vergessen sie den ursprünglichen Sinn." An einer anderen Stelle sagt er von den neotraditionalistischen Versuchen: "Sie modernisieren ... alte Ideologien und versuchen, sie modernen Zwekken anzupassen. Indem sie so verfahren, schließen sie einen Kompromiß mit dem bestehenden Übel, ... zugleich lösen sie ungewollt die letzten Reste jenes Geistes verbindlichen Glaubens auf, den sie zu beleben suchen" .[14]

In diesem Sinne trägt der radikale Neokonservatismus, der institutionell eine vorsäkularisierte christliche Zivilisation wieder aufbauen will, zur Verbreitung der allgemeinen Indifferenz, dieses Hauptattributs der spätindustriellen Gesellschaft, bei. Damit wird aber auch den ethisch unsicheren einzelnen Menschen, den unsicheren oder verunsicherten Christen und christlichen Institutionen kein adäquater Dienst geleistet.

3.2. Christliche "Animation" der sogenannten irdischen Wirklichkeiten

Ein differenzierterer Versuch, aus der genannten Krise herauszukommen, ohne auf die bewährte Identität der christlich gelebten Existenz zu verzichten, kann mit dem Ausdruck *"christliche Animation der irdischen Wirklichkeiten"* umschrieben werden.
Diese Perspektive ist vor und während dem Zweiten Vatikanischen Konzil geprägt worden. Es wird hier, vor allem in der Pastoralkonstitution "Gaudium et spes", die ethische Krise der modernen Welt positiv als Herausforderung für den christlichen Glauben anerkannt. Vor allem wird davor gewarnt, die Überwindung der ethischen Krise individualistisch zu lösen. Ich zitiere aus *Gaudium et spes:*

---

14 Horkheimer, M.: *Kritik der instrumentellen Vernunft.* Frankfurt/M. 1974, 69 f.

> "Der tiefe und rasche Wandel der Verhältnisse stellt mit besonderer Dringlichkeit die Forderung, daß niemand durch mangelnde Beachtung der Entwicklung oder durch müde Trägheit einer rein individualistischen Ethik verhaftet bleibe. Die Pflicht der Gerechtigkeit und der Liebe wird immer mehr gerade dadurch erfüllt, daß jeder gemäß seinen eigenen Fähigkeiten und den Bedürfnissen der Mitmenschen zum Gemeinwohl beiträgt und auch die öffentlichen und privaten Institutionen, die der Hebung der menschlichen Lebensverhältnisse dienen, fördert und unterstützt."[15]

Die ethischen Prioritäten des Christen werden neu gestellt, und die Welt in ihrer Profanität und mit ihren Eigengesetzlichkeiten wird zum theologisch bejahten Feld des christlichen Engagements deklariert.
Ich habe leider hier nicht die Möglichkeit, die konziliäre Neubewertung der Weltlichkeit der Welt zu entfalten und zu vertiefen. Ich möchte nur auf eine mögliche (nicht notwendige) Gefahr hinweisen. Die Aufforderung zur christlichen Animierung der irdischen Wirklichkeit kann leicht als Dispens für die Christen, die auf eine kritische Analyse der gesellschaftlichen Widersprüche unserer Zeit aus Bequemlichkeit verzichten wollen, interpretiert werden. Die Eigengesetzlichkeit der Lebensbereiche muß aber jedoch kritisch durchleuchtet werden. Menschliche Werte und Institutionen sind autonom, d. h. sie brauchen keinen ausdrücklichen Bezug zum Christlichen oder zum Kirchlichen, um eine sittliche Würde zu bekommen. Eine Etikettierung dieser Werke oder Institutionen (als "christlich" oder "katholisch" bzw. "evangelisch") gibt letzteren auch keine höhere moralische Dignität. Nur eine kritische Selbstüberprüfung von Zielen und Methoden dieser Institutionen kann zu ihrer ethischen Besserung führen. Welches sind aber die moralischen und theologischen Grundkriterien, die eine solche Analyse leiten sollten?
Ich bin nicht in der Lage, hier eine systematische Kriteriologie vorzulegen. Ich werde nur versuchen, in den nun abschließenden Reflexionen einige Kriterien zu formulieren, in der Hoffnung, die Zuhörer nicht weiter zu verunsichern, sondern sie zu weiterer Reflexion zu ermuntern.

---

15 Vatikanum II: *Pastoralkonstitution "Gaudium et spes"* Nr. 30.

4. Auf dem Weg zu einer (selbst-)kritischen Ethik

Die theologische Tradition hat zwei Maximen formuliert und uns überliefert, welche mir sehr geeignet scheinen, um Lösungsspuren für den heute verunsicherten Christen oder für die verunsicherte christliche Institution zu zeichnen. Ich nenne sie zuerst in ihrer klassischen Formulierung: *"Deus est semper major"* und *"caro cardo salutis."*

Deus est semper major. Gott ist immer größer, immer jenseits unserer Vorstellungen. Was bedeutet das für unser Handeln in der menschlichen Gesellschaft? Der Christ, der Theologe wird zuerst anhand dieses theologischen Axioms (daß nämlich Deus semper major est) sich darüber Rechenschaft geben müssen, daß das Gottesbild, auf das er sich, wenn er eine ethische Form rechtfertigen will, beruft, von deren gesellschaftlichen Grenzen relativiert wird. Die modernen Atheismen sind auch in diesem Licht zu sehen: als Zurückweisung von Gottesvorstellungen, die sich zu unkritisch auf eine sozial unrichtige oder unangemessene Praxis beziehen.

Gott ist also größer als unsere Werke, als unsere Institutionen und Anstalten, größer auch als die in seinem Namen gerechtfertigten Normen. Das ethische Handeln des Christen erhält so eine Dichte, in der die Berufung auf die biblische Gottesoffenbarung und auf die Praxis Jesu es legitimiert, ja dazu auffordert, sich dem Verlauf der Geschichte "autonom" und "kritisch" zugleich anzuschließen. In ihrem spezifischen theonomen Appell wird die Moral der Christen auf eine prekäre, doch hoffnungsvolle Autonomie verwiesen. Den ungelösten Widersprüchen der verschiedenen geschichtlichen Vorgänge gegenüber bleibt sie auch zum Teil machtlos und sprachlos, im Lichte der Glaubenshoffnung gelingt es ihr, darin die Anfänge einer neuen Wirklichkeit zu wittern.

Mit anderen Worten gesagt: Die Einsicht in die theologische Wahrheit des *"Deus semper major"*, d.h. in die gelebte Überzeugung, daß Gott größer ist als unsere in seinem Namen gemachten Werke, eröffnet eine Perspektive, in der man sieht, daß diese Werke und Institutionen eben verbesserungswürdig und verbesserungsfähig sind. Sie sind eben menschliche Werke und Institutionen. Indem letztere im Wandel der Zeit sich weiter bewähren (*"Bewährung im Wandel"* ist das Motto unseres Jubiläums), zeigen sie die Grundbewährung Gottes.

Gott ist der einzige, der sich wirklich in jedem Wandel und jeder Krise bewährt. Unsere Bewährung und die unserer Institutionen und Werke kann nur eine blasse Wiederspiegelung dieser Grundbewährung sein.

Das sage ich nicht zur Entmutigung, denn nun kommt die zweite theologische Wahrheit zum Zuge: *"caro cardo salutis."* Das heißt: "Die Leiblichkeit ist der Angel des Heils." Erlösung geschieht also nicht im luftleeren Raum der Seelen, sondern in der dichten Realität der Welt und der Geschichte. Der christliche Gott ist der menschgewordene Gott, der die Welt, zusammen mit den Menschen, verändern und erneuern will. Die theologischen Axiome "Deus est semper major" und "caro cardo salutis" sind keineswegs gegensätzlich, sondern erhellen einander, wenn sie in dialektische Beziehung gebracht werden. In dieser Perspektive wird die Praxis der Christen nicht mehr einfach von einem äußeren, quasi autoritären gegnerischen "Willen Gottes" grundgelegt, sondern von einer gesellschaftskritischen Solidarität motiviert, die in Nachahmung Christi auch diejenigen einbezieht, welche vom Gang der Geschichte vergessen oder unterdrückt worden sind.
Von der Verbindung zwischen dem Primat Gottes und dem weltlichen Engagement her wird eine Solidarität mit den "Verdammten der Erde" in Gang gebracht. Diese ist die sich wandelnde Praxis, welche die Bewährung Gottes manifestiert.

II. ETHIK UND ALLTAG

Religion und Moral* sind komplexe Realitäten, die aber, wenn auch nicht problemlos, traditionellerweise Gegenstand von anerkannten Disziplinen sind. Sozialwissenschaften einerseits, Philosophie und Theologie andererseits beanspruchen, das Religiöse und das Ethische mit je anderen wissenschaftstheoretischen Prämissen und Instrumentarien annähernd erörtern zu können.

Theologische Ethik, wie immer man sie definieren mag, bringt innerhalb dieses Prozesses der Arbeits- und Wissensteilung eine spezifische Leistung hervor.

Der Alltag, im Gegensatz zu Religion und Moral, ist nicht direkt von einem Wissenschaftszweig in Anspruch genommen. Vielmehr ist er als Substrat überall anwesend, und dadurch, daß über ihn reflektiert wird, ist er in der Lage, die Logik der etablierten Disziplinen zu durchbrechen.

Folgende Überlegungen beinhalten zuerst einen Versuch, das Alltägliche sozialwissenschaftlich und gleichzeitig in sittlicher Absicht zu umschreiben, dann die Intention, das Ethische selbst aus dem Alltäglichen her zu definieren, und schließlich auch eine Intuition, die darin besteht, das Religiöse aus den beiden oben genannten Größen zu deuten und zu lokalisieren. Alltag, eine Realität, die später noch genauer zu umschreiben sein wird, werde ich in verschiedener Hinsicht und auf je anders gelagertem wissenschaftstheoretischem Niveau erörtern: Zuerst einmal Alltag, reell gemeint, als Materialobjekt soziologisch-empirischer Forschung; zweitens symbolisch als andauernder Horizont menschlicher Reflektion und schließlich methodologisch als Wissensform, welche neue Modelle der Wissenschaftlichkeit hervorrufen kann.

1. Theorien des Alltags

Nach dieser einleitenden Absichtserklärung komme ich nun zu einer knappen Darlegung von verschiedenen sozialwissenschaftlichen Auslegungen des Alltäglichen.[1] Diese Benennung und Vorstellung will nicht

---

* Dieser Aufsatz erschien zuerst in: *Ethos des Alltags. Festgabe für Stephan H. Pfürtner zum 60. Geburtstag.* Hrsg. von A. Bondolfi - W. Heierle - D. Mieth. Zürich 1983, hier 13-25.

1 Für eine erste Information zum sozialwissenschaftlichen Begriff des Alltags vgl. Brecht, H.: *Alltagsleben-Variationen über einen neuen Forschungsbereich,* in: Neue Politische Literatur 26 (1981) 1-12; *Alltagswissen, Interaktion und gesellschaftliche Wirklichkeit,*

der umfassenden Information dienen; vielmehr sollten hier nur einige Ansätze evoziert werden, damit der Eindruck der Komplexität der Kategorie des Alltags noch bewußter wird, und gleichzeitig aber auch, damit die bestehende Verwirrung im Gespräch zwischen Soziologen, Philosophen und Theologen in diesem Bereich mindestens versuchsweise aufgehoben oder vermindert wird.

- Zuerst wäre in dieser Richtung nicht viel gewonnen, wenn man Alltag mit *Banalität* verwechseln würde. Henri Lefèbvre[2] hat in diesem Zusammenhang eine Unterscheidung zwischen *"le quotidien"* und *"la quotidienneté"* eingeführt; von der letzteren behauptet er, sie repräsentiere den Inbegriff der Bedeutungslosigkeit. Mit dieser Unterscheidung soll nur zu bedenken gegeben werden, daß der Alltag - und dies ist den verschiedenen soziologischen Ansätzen in diesem Bereich gemeinsam - nicht als Ort des reinen Stereotypen, des nicht intentionalen Handelns angesehen werden kann. Das Alltägliche ist nicht einfach der Gegensatz zum geschichtlich Relevanten, sondern ist eine bestimmte Perspektive derselben globalen Wirklichkeit. "Geschichte gilt als Ausdruck der Alltagshandlungen der vielen Subjekte und die Veränderung auch des Alltags als individuell erlebbarer Maßstab für den geschichtlichen Fortschritt."[3]

Hrsg. von den Bielefelder Soziologen. Reinbek 1973, 2 Bde.; *Teorie della vita quotidiana.* Hrsg. von R. De Luca. Roma 1979; Gallino, L.: *Vita quotidiana,* in: Dizionario di sociologia. Torino 1978, 745; Javeau, C.: *Sur le concept de vie quotidienne et sa sociologie,* in: Cahiers internationaux de sociologie 68 (1980) 31-45; Wolf, M.: *Sociologia della vita quotidiana.* Milano 1979; sowie die *Materialien zu einer Soziologie des Alltags,* Sondernummer der KZSS 20 (1978) (mit Lit.); Weigert, A. J.: *Sociology of Everyday Life.* London 1981; Douglas, J.D. (u. a.): *Introduction to the Sociologies of Everyday Life.* Boston 1980. Ansätze für eine philosophische Rede über den Alltag sind zu finden in: Thurn, H.P.: *Der Mensch im Alltag. Grundrisse einer Anthropologie des Alltagslebens.* Stuttgart 1980.

2 Vgl. Lefèbvre, H.: *La vie quotidienne dans le monde moderne.* Paris 1968, 58; dt.: *Das Alltagsleben in der modernen Welt.* Frankfurt/M. 1972. Zur Alltagsphilosophie von H. Lefèbvre vgl. den Diskussionsband: *Il quotidiano, e il possibile.* Hrsg. von A. Giasanti und P. Jedlowski. Milano 1982. Für eine an Freud orientierte gesellschaftskritische Aufnahme der Alltagskategorie vgl. Kofler, L.: *Der Alltag zwischen Eros und Entfremdung.* Bochum 1982.

3 ebd.

- Eine zweite Verwechslung gilt es zu vermeiden. Es handelt sich um eine vorschnelle Identifikation zwischen dem Alltäglichen und dem *Erlebten,* im Gegensatz zum "Gedachten" und zum "Reflektierten." Die Kategorie des Erlebnisses ("le vécu") hat eine starke Erörterung im französischsprachigen Raum gefunden, ohne daß dabei eine Abklärung oder Vertiefung erzielt werden konnte.

Ich glaube, daß die Kategorie des Alltags optimal durch ein phänomenologisches Verfahren gewonnen werden kann.[4] Letzteres besteht, ganz allgemein formuliert und ohne Rücksicht auf die Strenge der phänomenologischen Methode bei Husserl, im Versuch, die Wirklichkeit in ihrer mannigfaltigen Komplexität als noch nicht strukturierte Größe unmittelbar an sich herankommen zu lassen. So hat K. Kosik durch eine beschreibend-typisierende Strategie versucht, sich dem Begriff des Alltags zu nähern.
"Was ist also Alltäglichkeit? Sie ist nicht das private Leben im Gegensatz zum öffentlichen, auch nicht das sogenannte profane Leben im Gegensatz zur erhabenen offiziellen Welt: In der Alltäglichkeit lebt sowohl der Schreiber wie der Kaiser. Ganze Generationen und Millionen von Menschen lebten und leben in der Alltäglichkeit des Lebens als in ihrer natürlichen Atmosphäre, und es kommt ihnen nie der Gedanke, die Frage nach deren Sinn zu stellen ... Die Alltäglichkeit ist vor allem die Gliederung des individuellen Lebens der Menschen im Rahmen jedes Tages: die Wiederholbarkeit ihrer Verrichtungen ist in der Wiederholbarkeit eines jeden Tages, in der Zeiteinteilung eines jeden Tages fixiert. Das Alltägliche ist die Gliederung der Zeit und der Rhythmus, darin sich die individuelle Geschichte der einen abspielt ... Alltäglichkeit ist also nicht der Gegensatz zur Nichtalltäglichkeit, zur Feiertäglichkeit, zur Außergewöhnlichkeit oder zur Geschichte: die Hypostatisierung der Alltäglichkeit als des Alltags gegenüber der Geschichte als des Außergewöhnlichen ist schon die Folge einer bestimmten Mystifizierung. In der Alltäglichkeit verwandelt sich die Tätigkeit und die Lebensweise in einen instinktiven, unter- und unbewußten, unreflektierten Mechanismus des Handelns und Lebens: Dinge, Menschen, Bewegungen, Verrichtungen, Milieu und Welt werden

---

4 Für eine Analyse der phänomenologisch-philosophischen Hintergründe der Kategorie des Alltags vgl. *Schütz und die Idee des Alltags in den Sozialwissenschaften*. Hrsg. von R. Sprondel und R. Gratthof. Stuttgart 1979, sowie auch List, E.: *Alltagsrationalität und soziologischer Diskurs*. Berlin 1982.

nicht in ihrer Ursprünglichkeit und Authentizität erfahren, werden nicht geprüft und offenbaren sich nicht, sondern sind einfach da und werden als Inventar, als Bestandteil der vertrauten Welt hingenommen. Die Alltäglichkeit zeigt sich als Nacht der Teilnahmslosigkeit, des bloß Mechanischen und Instinktiven, oder als Welt der Vertrautheit. Die Alltäglichkeit ist zugleich eine Welt, deren Ausmaße und Möglichkeiten durch die individuellen Fähigkeiten oder Kräfte des einzelnen kontrollierbar und berechenbar sind ... In der Alltäglichkeit schafft sich das Individuum Beziehungen aufgrund seiner Erfahrungen, seiner Möglichkeiten, seiner Aktivität und sieht deshalb diese Wirklichkeit als seine eigene Welt an."[5] Die Tatsache, daß durch ein phänomenologisches Verfahren eine relativ klare Vorstellung vom Alltag gewonnen wird, bedeutet noch nicht, daß man darüber hinaus auch einen Konsens über die theoretischen Instrumente seiner Erforschung erreicht hat.
Im Gegenteil, abgesehen von den oben genannten zwei irreführenden alternativen Verwechslungen, zeichnen sich mindestens *drei große theoretische Auslegungsmöglichkeiten des Alltags* ab:

- die neomarxistische Alltagstheorie, vertreten von Autoren wie: H. Lefèbvre, A. Heller, H. Arendt, A. Schaff, K. Kosik;[6]

- die Alltagsauslegungen des symbolischen Interaktionismus und der Ethnomethodologie, dessen Hauptrepräsentanten A. Schütz, P. Berger und Th. Luckmann, E. Goffmann, H. Garfinkel, A. Cicourel sind;[7]

---

5 Kosik, K.: *Die Dialektik des Konkreten.* Frankfurt/M. 1973.

6 Vgl. vor allem die zwei Werke von Heller, A.: *Alltag und Geschichte.* Neuwied/Berlin 1970 und *Das Alltagsleben.* Frankfurt/M 1978.

7 Aus der Fülle der Literatur: Schütz, A.: *Der sinnhafte Aufbau der sozialen Welt.* Frankfurt/M. 1974; *Das Problem der Relevanz.* Frankfurt/M. 1982; *Theorie der Lebensformen.* Frankfurt/M. 1981; Schütz, A. - Parsons, T.: *Zur Theorie sozialen Handelns. Ein Briefwechsel.* Frankfurt/M. 1979; Berger, P. - Luckmann, Th.: *Die gesellschaftliche Konstruktion der Wirklichkeit. Eine Theorie der Wissenssoziologie.* Frankfurt/M. 1980; Luckmann, Th.: *Lebenswelt und Gesellschaft.* Paderborn 1980; Goffmann, E.: *The presentation of Self in Everday Life.* Garden City, N.Y. 1959; *Rahmen-Analysen.* Frankfurt/M. 1980; *Stigma. Über Techniken der Bewältigung beschädigter Identität.* Frankfurt/M. 1975; *Strategische Interaktion.* München 1981; *Interaktionsrituale. Über Verhalten indirekter Kommunikation.* Frankfurt/M. 1975; *Das Individuum im öffentlichen Austausch.* Frankfurt/M. 1982. Zur Einführung in das Werk Goffmanns vgl. Nahavandi, F.: *Introduction à la sociologie de E. Goffmann.* Bruxelles 1979 (= Les cahiers durkheimiens 4). Darüber hinaus vgl.

- Schließlich sind Autoren zu nennen, welche keiner Schule verpflichtet werden, die aber wichtige Beiträge zu unserer Problematik expressis verbis geliefert haben. Ich weise auf Autoren hin wie J. Donzelot, M. de Certeau, J. Beaudrillard, welche dem deutschen Publikum zum Teil noch nicht bekannt sind.[8]

Es ist hier nicht möglich, alle diese Soziologien des Alltagslebens nur knapp darzustellen. Es ist auch nicht angebracht, einen solchen Versuch zu unternehmen, da das Hauptziel meiner Überlegungen in der Artikulierung des Verhältnisses zwischen Alltagsleben, Sittlichkeit und Religion besteht. Gerade im Hinblick auf dieses Hauptziel ist es aber wichtig, daß man sich bewußt wird, daß die verschiedenen Alltagsauffassungen etwas Gemeinsames haben. Alle beanspruchen mehr oder weniger bewußt, zusammen mit einer theoretisch konsistenten Auffassung vom Alltag gleichzeitig auch eine Theorie der Konstitution sittlicher Identität liefern zu wollen. Dies impliziert aber keineswegs ein Bekenntnis zu einem dogmatischen Standpunkt, sondern fordert zum ersten nur das Eintreten für Alltagsauffassungen, welche die Präsenz des Ethischen im Alltag am plausibelsten darstellen, erklären und verstehen können. Darüber hinaus glaube ich behaupten zu können, daß man vor allem als Theologe daran interessiert ist, die Alltagstheorien zu bevorzugen, welche am besten das alltägliche Interagieren sittlicher und religiöser Werte erfahren und deuten können. Es sind diese Gründe, die mich bewegt haben, dem *symbolischen Interaktionismus*[9] eine vorläufige Bevorzugung zu geben als derjenigen Orientierung, die zum Teil den oben genannten Kriterien am besten Rechnung trägt. Ich verstehe hier Interaktionismus in einem sehr breiten Sinne und beziehe dabei auch die Resultate der genetischen Entwicklungspsychologie und der phänomenologischen Identitätstheorien mit ein.

Garfinkel, H.: *Studies in Ethnomethodology*. Englewood Cliffs, N.J. 1967. Cicourel, A.: *Sprache in der sozialen Interaktion*. München 1975.

8 Vgl. unter vielen: Beaudrillard, J.: *Pour une critique de l'économie politique du signe*. Paris 1972; De Certeau, M.: *L'invention du quotidien*. Paris 1980 (2 Bde.); Donzelot, J.: *Die Ordnung der Familie*. Frankfurt/M. 1980; Guattari, F.: *La révolution moléculaire*. Paris 1980.

9 Für eine Gesamteinführung in den symbolischen Interaktionismus vgl.: Steinert, H.: *Symbolische Interaktion. Arbeiten zu einer reflexiven Soziologie*. Stuttgart 1973, sowie *Ethnomethodologie. Beiträge zu einer Soziologie des Alltagshandelns*. Hrsg. von E. Weingarten u.a. Frankfurt/M. 1976, und Meltzer, B. - Petrag, J. - Reynolds, L.: *Symbolic Interactionism. Genesis, varieties and criticism*. London 1977.

2. Einige Merkmale des Alltäglichen in interaktionistisch-phänomenologischer Perspektive

2.1. Der Prozeß, mit dem jedes Subjekt sich als solches konstituiert, d. h. Identität gewinnt, und mit dem es sich gleichzeitig die kognitive Kompetenz erwirbt, Realität zu interpretieren, sogar hervorzubringen, ist in seinem Kern *ein normierter Prozeß.* Dieses Geregeltsein jeglicher Interaktion kann in verschiedener Hinsicht und auf verschiedenen Ebenen beobachtet werden. Man wird auf alle Fälle immer *Wissens- und Handlungselemente* als prozessual aufeinander bezogen finden. Die Erfahrung der gesellschaftlichen Realität, die jeder von uns von Kindheit an macht, ist von Anfang an von verschiedenen Denkvoraussetzungen geprägt. Diese Denkmuster und -vorstellungen werden im alltäglichen Lebenslauf übernommen, internalisiert und dadurch auch verändert. Die Erfahrung und Wahrnehmung von Wirklichkeit ist nicht immer harmonisch, sondern kontingent und krisenhaft. In Krisensituationen sind uns allen grundsätzlich zwei Möglichkeiten offen: es kann eine Weiterauslegung des Wissenshorizontes oder eine vorläufige Aufhebung desselben geschehen. So oder so wird man sich immer innerhalb eines *"Wirkungskreises"* befinden, der biographisch erst mit der Hauptkrise, nämlich mit dem Tod, zum Stillstand kommen wird.
Die regelhafte Bewegung im Kreis des Wissens ist jedermann möglich, weil der Mensch sich nicht in einer solipsistischen Denksituation befindet, sondern sich selbst als "Ich" erst in der Begegnung und im Widerfahren mit dem "Anderen" erfährt. Dieser Prozeß der Identitätsfindung im menschlichen Subjekt ist sehr komplex in biographischen Phasen gestaltet und kann nicht als ein für allemal erreichter Zustand definiert werden. "Ich-Identität erreicht das Individuum in dem Ausmaß, als es die Erwartungen der anderen zugleich akzeptierend und sich von ihnen abstoßend seine besondere Individualität festhalten und im Medium gemeinsamer Sprache darstellen kann. Diese Ich-Identität ist kein fester Besitz des Individuums. Da sie ein Bestandteil des Interaktionsprozesses selber ist, muß sie in jedem Interaktionsprozeß angesichts anderer Erwartungen und einer ständig sich verändernden Lebensgeschichte des Individuums neu formuliert werden."[10]

---

10 Vgl. Krappmann, L.: *Soziologische Dimensionen der Identität.* Stuttgart 1978, 208. Zu diesem dynamischen prozeßhaften Verständnis von Identität vgl. Strauss, A.: *Spiegel und Masken. Die Suche nach Identität, Rationalität und Verantwortung.* Frankfurt/M. 1981; Luckmann, Th.: *Persönliche Identität, soziale Rolle und Rollendistanz,* in: *Identität.* Hrsg. von O. Marquard und K. Stierle. München 1979, 293-313. Für eine philosophische Verarbei-

2.2. Das zweite Merkmal könnte als *"Routiniertsein"* in der Identitätssuche und -findung bezeichnet werden. Die Bedeutung des Phänomens "Routine" war in der klassischen Soziologie in der Institutionenlehre zu finden. Es bekommt hier eine neue, ausgesprochen kognitive und zugleich sittlichkeitsformende Bedeutung. Die Hauptwirkung der Routine auf Handlungsebene vor allem in der phänomenologischen Analyse von A. Schütz ist die der *Entlastung* des einzelnen in den verschiedenen Alltagskonflikten. "Zusammen mit der Plausibilitätsstruktur werden gesellschaftliche Sanktionen gegen wirklichkeitszersetzende Zweifel internalisiert und ständig neu gesichert. Solange ein Mensch sich in einer Plausibilitätsstruktur meint, findet er es lächerlich, wann immer ihn subjektive Zweifel an der entsprechenden Wirklichkeit überkommen. Er weiß, daß die anderen ihn auslachen würden, wenn er sie ausspräche. Ja, er kann schweigend über sich selbst lächeln und im Geiste die Achseln zucken. So lebt er denn weiter in einer wohlsanktionierten Welt."[11]
Der Entlastungseffekt, welcher durch die Alltagsroutine entsteht, soll nicht vorschnell ethisch abgewertet, sondern als Grundmerkmal menschlicher Existenz angesehen werden.

2.3. Ein letztes Merkmal im Prozeß der Suche nach Ich-Identität besteht schließlich in seinem *dramatisch-theatralen* Charakter. Vor allem Goffmann bedient sich dieser Metapher, um zu zeigen, wie ein Individuum in normalen Arbeitssituationen sich selbst und die eigenen Handlungen den anderen darstellt, und die Art und Weise, wie er die Eindrücke der anderen über ihn führt und kontrolliert. Die Theater-Metapher hat sicherlich als solche viele Grenzen: diese wurden übrigens auch von Goffmann selbst anerkannt; niemand wird aber den großen heuristischen Vorteil ihrer Benützung bestreiten.

---

tung dieser sozialpsychologischen Kategorie der Identität vgl. grundlegend: Habermas, J.: *Moralentwicklung und Ich-Identität*, und *Können komplexe Gesellschaften eine vernünftige Identität ausbilden?*, beide Aufsätze in: Ders.: *Zur Rekonstruktion des historischen Materialismus*. Frankfurt/M. 1976, 63-126.

11 Vgl. Schütz, A. - Luckmann, Th.: a.a.O. 139 ff.

3. Ethische Ansatzpunkte

Alle diese drei Merkmale haben für den Ethiker eine direkte Relevanz und sind ein Anstoß zur Überprüfung der Kategorien des eigenen Diskurses. Die theologische Ethik in der katholischen und evangelischen Tradition hat bis jetzt mit anderen Kategorien und mit anderen Rastern als denjenigen des symbolischen Interaktionismus operiert.
Trotzdem sind Berührungspunkte, sogar Berührungsflächen vorhanden, welche Vergleiche und Parallelisierungen zwischen den Grundintentionen des symbolischen Interaktionismus und den Kategorien und Begriffen der theologischen Ethik ermöglichen. Drei davon will ich hier erörtern.

3.1. Bei der Behauptung, daß Wirklichkeit mittels Anwendung von Basisregeln in Interaktionen entstehe, habe ich eine gewisse Nähe zwischen der Interaktion und der ethischen Diskussion um die sogenannte "Situationsethik" festgestellt. So ist nach A. Schütz und Th. Luckmann

> "der lebensweltliche Wissensvorrat in vielfacher Weise auf die Situation des erfahrenden Subjekts bezogen. Er baut sich auf aus Sedimentierungen ehemals aktueller, situationsgebundener Erfahrungen. Umgekehrt fügt sich jede aktuelle Erfahrung je nach ihrer im Wissensvorrat angelegten Typik und Relevanz in den Erlebnisablauf und in die Biographie ein. Und schließlich wird jede Situation mit Hilfe des Wissensvorrates definiert und bewältigt. Der Wissensvorrat ist also sowohl genetisch als auch strukturell als auch funktional auf die Situation bzw. die situationsgebundene Erfahrung bezogen."[12]

Wenn man nun diese Positionen der phänomenologischen Soziologie von Schütz und Luckmann mit den Äußerungen der Vertreter der Situationsethik vergleicht, wird man sehen, daß die Behauptungen der Vertreter der Situationsethik eher in einen existentialistischen Jargon eingebettet sind und deswegen auch nicht zu einer neuen, auf Humanwissenschaften bezogenen Methodologie innerhalb der philoso-

---

12 a.a.O. 133. Für eine umfassende und aktualisierende Information zur Situationsethik vgl. Palo, G.: *Etica della situazione*, in: Dizionario teologico interdisciplinare, Torino 1977, 3 Bde., hier Bd. 3, 265-273.

phischen bzw. der theologischen Ethik geführt haben. Dies ist meiner Meinung nach aus zweierlei Gründen geschehen.
Zum ersten war die Definition der Situation bei diesen Ethikern zu radikal formuliert; sie war vor allem als punktuelles Ereignis verstanden, vor dem das menschliche Subjekt fast ohne Wissensvorrat als "ausgeliefertes Wesen" steht.
Zum zweiten führte die Benützung von personalistischen Kategorien durch die Situationsethiker zu einem *reduzierten Verständnis der Sozialität des Menschen.* Konrad Raiser formuliert diese Kritik in Anlehnung an G. H. Mead ganz treffend.

> "Wie die Dialektische Theologie im ganzen war auch dieser Personalismus gekennzeichnet von der Krise der damaligen Kultur und Gesellschaft. Er stand in betonter Antithese gegen die Tendenz zur Versachlichung und Objektivierung des menschlichen Lebens und versuchte gegen den Individualismus idealistischer oder liberaler Prägung die soziale Grundstruktur menschlichen Lebens wieder zur Geltung zu bringen, indem er betonte, der Mensch sei nicht von Natur Person, sondern werde zur Person erst in der Begegnung mit anderen. Aber die radikale Reduktion der Dimension des Personalen auf die unmittelbare sprachliche Begegnung von Ich und Du führte, über die Vernachlässigung der kommunikativen Funktion der Sprache hinaus, zu einer Abwertung aller auf gesellschaftliche Kooperation gerichteten und sachlich vermittelten Bezüge. Damit beraubte der Personalismus seine grundlegende Einsicht in die soziale Dimension menschlicher Existenz der Fruchtbarkeit und führte eher zu einer noch radikaleren Abkehr von der Frage nach der Bedeutung der Gesellschaft für die individuelle Existenz."[13]

Letzteres wäre vielleicht nicht in diesem Maße geschehen, wenn der Situationsethiker oder der theologische Existentialist sich auf die Kategorie des *Alltagswissens* bezogen hätte. Er hätte, anders gesagt, verstehen sollen, daß die zahllosen verschiedenen Situationen, in denen der

---

13 Vgl. Raiser, K.: *Identität und Sozialität. George Herbert Meads Theorie der Interaktion und ihre Bedeutung für die theologische Anthropologie.* Mainz - München 1971, 18.

Mensch sich im Alltag befindet, nicht spurlos an ihm vorbeigehen. Der Mensch ist ihnen nicht total ausgeliefert, sondern er ist in der Lage, durch routinierte Erfahrung und Kontrasterlebnisse ein habituelles Wissen zu sammeln und zu verarbeiten. Dieses Wissen wird eben von den Interaktionisten als *Alltagswissen* (im Gegensatz zum reflektierten, distanzierten und wissenschaftlichen Wissen) definiert.

3.2. Das früher erörterte zweite Merkmal der Interaktion, daß nämlich Handlungskompetenz und sittliche Identität durch internalisierte Routine entstehen, hat uns - mit Hilfe von Hinweisen, die von J. Habermas und K.O. Apel stammen - auf den Boden klassischer philosophischer Ethik zurückgeführt. In ihrem Vokabular ist Handlungskompetenz unter dem inzwischen fälschlicherweise moralistisch tönenden Stichwort der *Tugend* schon präsent.
Genauer gesagt scheint mir, daß sich der Begriff der Handlungskompetenz mit demjenigen der *virtus* (virtus æstimativa, cogitativa, collativa usw.) zum großen Teil inhaltlich deckt.
Nach Habermas genügt es nicht,

> "um Situationen möglichen kommunikativen Handelns zu beherrschen, Situationen möglicher Verständigung zu erzeugen; es bedarf der Fähigkeit, motivationssichernde Normen zu erkennen, situationsgerecht anzuwenden und zu befolgen oder nicht zu befolgen."[14]

Wie man sehen kann, sind wir nicht sehr weit von der thomanischen Prudentia entfernt, welche in der Summa theologiæ als *"recta ratio agibilium"* definiert wird.
Ich möchte nun, ohne näher auf diesen Begriff einzugehen, meine Bemerkung hierzu mit dem Hinweis darauf schließen, daß man auf den Begriff der *sittlichen Kompetenz* nicht verzichten kann, sowohl für eine soziologische Wert- und Handlungstheorie als auch für eine philosophisch-systematische bzw. theologisch-systematische Ethik.

3.3. Ich komme damit zur dritten ethischen Bemerkung oder Assoziation in bezug auf die Grundpositionen des symbolischen Interaktionismus. Die "Theaterhaftigkeit" jeglicher Interaktion und vor allem die

---

14 Habermas, J.: *Kultur und Kritik*. Frankfurt/M. 1973, 196. Für eine Aktualisierung des Tugendbegriffes bei Apel vgl. Apel, K.O.: *Kein Ende von den Tugenden*, in: Frankfurter Hefte 29 (1974) 783-794.

damit verbundene Etikettierungstätigkeit (Stigma) sind Denkmodelle, die direkte Relevanz haben für das Verständnis der *sittlichen Verantwortung*. Dies gilt sowohl für das alltägliche Verhalten in Interaktionen als auch für das sogenannte abweichende Verhalten. Die Etikettierungsperspektive hat bekanntlich ihre Früchte auch in der kriminologischen Forschung erbracht.[15] Zumindest hat sie eine Umorientierung der Grundfragestellung provoziert. Aus der Frage, *was* Abweichende ihrer Natur nach *sind,* ist nach der Übernahme der Vorstellung, Interaktion sei auch Etikettierung, die Frage geworden, *wie* sie zu Abweichenden werden. Auch hier liegen die Konsequenzen für die Wahrheitsfähigkeit rechtlicher und sozialethischer Aussagen auf der Hand. Die Kategorie der Schuld - obwohl ich meine, daß man auf sie nicht restlos verzichten kann - nimmt in der Analyse von Etikettierungsprozessen eine neue, begrenztere, anders gelagerte Bedeutung ein.

4. Zur Definition der Religion

Nach diesen Bemerkungen, welche nur die Bedeutung des interaktionistischen Ansatzes für ein angemessenes Verständnis des Ethischen zeigen wollten, komme ich nun zu einem weiteren Thema, nämlich zur *Problematik* der Definition der Religion in alltagstheoretischer Perspektive. Ein erster Problemkomplex dieser Gesamtproblematik betrifft die sogenannte *"Krise der Religion"* und vor allem ihre damit verbundenen soziologischen und theologischen Interpretationen.
Die Religionssoziologen und Theologen verschiedener Schulen und Schattierungen haben in dieser genannten Krise viel Stoff gefunden, um neue theoretische Ansätze zur Definition der Religion begründen zu können. Einer davon ist mit dem Stichwort *"Säkularisierung der christlichen Religion"* bezeichnet. Diese Kategorie hat eine Reihe von geschichtlichen Ereignissen gedeutet und plausibel gemacht. Immer mehr Religionssoziologen kommen aber zur Überzeugung, daß diese Denkfigur nicht (mehr) adäquat ist, um die heutzutage erreichte Entwicklungsstufe der religiösen Phänomene interpretieren zu können.[16]

---

15 Aus der Fülle der Literatur vgl. vor allem: Rüther, W.: *Abweichendes Verhalten und labeling approach.* Köln - Berlin - Bonn - München 1975; Keupp, H.: *Abweichung und Alltagsroutine.* Hamburg 1976; Keckheisen, W.: *Die gesellschaftliche Definition abweichenden Verhaltens.* München 1976.

16 Zur Kritik der Säkularisierung in religionssoziologischer Sicht vgl. Luckmann, Th.: *Säkularisierung - ein moderner Mythos,* in: Ders.: *Lebenswelt und Gesellschaft,* a.a.O. 161-172;

Daher haben einige Theologen, welche stark religionssoziologisch argumentieren, versucht, mit Hilfe des gedanklichen Instrumentariums des symbolischen Interaktionismus eine neue, alternative Interpretation der Krise der Religion zu entfalten.
An Stelle der Säkularisierungsthese tritt nun hier die *"Differenzierungsthese der Religion."* Sie wird heute vor allem im deutschsprachigen Raum von der jungen Generation der Religionssoziologen und Sozialethiker des Instituts für christliche Sozialwissenschaften der Universität Münster vertreten.

> "Im Zuge gesellschaftlicher Entwicklung hat sich auch Religion ausdifferenziert und 'verbessert'; sie ist genausowenig verschwunden, wie Gesellschaft verschwunden ist, genausowenig der Vergangenheit zuzurechnen, wie Gesellschaft der Vergangenheit zuzurechnen ist."[17]

Religion präsidiert, immer in der zitierten Perspektive, grundlegende gesellschaftliche Phänomene, welche von Anfang an für das Zusammenleben der Menschen konstitutiv sind.
Aushandeln und Konstituierung von Wirklichkeit geschieht heute ohne explizite Einbeziehung von religiösen Kategorien, aber sie sind, wenn auch chiffriert, immer am Werke. Nach Mead sind für gelungene Kommunikation zwei Idealisierungsoperationen notwendig: die sogenannte Austauschbarkeit der Standpunkte und die Kongruenz der Relevanzsysteme der Kommunikationspartner. In der Perspektive einer interaktionistisch argumentierenden Religionssoziologie "haben Religionen diesen Grundmechanismus der Bewältigung von Kontingenzen im Leben des Einzelnen in historisch mannigfaltig ausgebildeten Erklärungsschemata chiffriert."[18]

Glasner, P.E.: *The Sociology of Secularisation. A critique of a Concept.* London 1977; Nijk, A.J.: *Secularisatie.* Rotterdam 1968; Guizzardi, G.: *La religione della crisi.* Milano 1979.

17 Vgl. Fischer, W.: *Identität - Die Aufhebung der Religion? Der Identitätsbegriff als religionssoziologische Fundierungskategorie,* in: Wissenschaft und Praxis in Kirche und Gesellschaft 65 (1976) 141-161, hier 142; immer in dieser Perspektive vgl. *Religionssoziologie als Wissenssoziologie.* Hrsg. von W. Fischer und W. Marhold. Stuttgart 1978, und Schibilski, M.: *Theorie der Religion und Alltagswirklichkeit,* in: ZEE 19 (1975) 339-362.

18 ebd.

Religion ist also keine von den sozialen Gefügen getrennte Größe. Sie ist auch nicht ein Bereich des sozialen Lebens unter anderen, sondern sie ist in jedem Prozeß der Wirklichkeitskonstitution mitpräsent. "Alle bekannten Rituale im religiösen Bereich sind Symbolisierungen bestimmter sozialer Vorgänge; soziale Vorgänge sind überhaupt nur in Symbolisationen zu identifizieren."[19] Die systematisch-theologische Schlußfolgerung dieser religionssoziologischen Definitionsversuche liegt auf der Hand: das Religiöse ist überall da, wo menschliche Kommunikation entsteht, und ist nicht anderswo zu suchen. Obwohl ich hier keine substantialistische Auffassung von Religion verteidige, scheint mir trotzdem, daß in dieser Auffassung die relative Spezifität des Religiösen aufgelöst wird. Das intuitiv vorgenommene Verhältnis zwischen Basisregeln menschlichen Interagierens und der theologischen Symbolsprache wird nicht genügend vertieft, und damit entsteht die Gefahr, daß mögliche Differenzen zwischen den theologischen Chiffren und der kommunikativen Grundstruktur übersehen werden.
Im immanent-kritischen Verhältnis zu dieser radikalen interaktionistischen Auffassung glaube ich grundsätzlich an die Möglichkeit und an die Notwendigkeit, die Restdifferenz der "Religion" sozialwissenschaftlich und theologisch in ihrer Originalität zu thematisieren.

5. Fragmente für ein ethisch-theologisches Programm

Mit der letzten Behauptung wird das abschließende Thema dieses Beitrages schon suggeriert. Ich möchte nun aus den bis jetzt angedeuteten Themen methodologische und wissenschaftsorganisatorische Konsequenzen für die theologische Ethik ziehen.

- Zum ersten möchte ich die Unausweichlichkeit und gleichzeitig die methodologische Fruchtbarkeit der Unterscheidung zwischen Alltagswissen und reflektiertem Wissen betonen. Theologisch motivierte und theologisch begründete Normen sind immer in dieser doppelten Weise vermittelt.
  Zuerst werden wir im Alltag der Predigt, der Katechese, des Familiengespräches, der fortlaufenden Sozialisation mit ihnen bekanntgemacht. Zur subjektiven Aufnahme und Integration dieses normativen Materials stehen eine Fülle von Wissensvermittlern zur Verfügung: Symbole, Bilder, Riten, Lieder usw....

---

19 ebd.

Dann wird Theologie, hier in concreto theologische Ethik, das schon alltäglich internalisierte Wissen durch distanzierte und kritische Reflexion plausibel machen und in einem gedanklich konsistenten System organisieren und begründen. Die Übernahme des aus dem alltäglichen Integrieren entstandenen normativen Materials durch die theologische Ethik soll aber mit größter methodischer Sorgfalt geschehen. Systematische Aussagen der theologischen Ethik können nicht direkt aus der Fülle der geschichtlich und alltäglich entstandenen christlichen Traditionen geschöpft werden. Eine kritische Sichtung und Vermittlung tut not, damit man zu Recht von der Theologie als reflektiertem Wissen reden kann.

- Darüber hinaus ist für die theologische Ethik eine weitere gedankliche Leistung notwendig. Die Erforschung des christlich motivierten Alltags, durch seine ganze Wirkungsgeschichte hindurch, darf nicht allein dem Sozialwissenschaftler oder bestenfalls dem Sozialgeschichtler überlassen werden. Es gibt die theologische Möglichkeit, sogar die theologische Notwendigkeit, das Alltagswissen vieler Generationen von Christen neu zu entdekken und systematisch zu rekonstruieren. Bisher hat die Dogmen- und Theologiegeschichte, auch im Rahmen der ethischen Themen, vor allem den theologischen Produkten von großen Theologen und von wichtigen Schulen Aufmerksamkeit geschenkt. Es wäre nun an der Zeit, auch die kleine, aber wichtige und notwendige Weisheit, welche hinter christlich motiviertem Alltag in der Geschichte steckt, zu erforschen.
  Eine neue theologisch-ethische Geschichtsschreibung wird sich ohne Zweifel auf Parallelunternehmen im Bereich der Humanwissenschaften berufen müssen. Aus solchen Kooperationsprozessen könnte neues Wissen, d.h. nicht nur Interdisziplinarität, sondern Transdisziplinarität, entstehen.
  Die neuere sogenannte serielle Geschichtsschreibung, welche den Alltagsmechanismen und -normen eine zentrale Beachtung schenkt, kann im Bereich der Interpretation von Entwicklungen und Metamorphosen von christlich motivierten Sitten zu alternativen interpretatorischen Resultaten führen.[20]

---

20 Zu diesem Ansatz vgl. die Sondernummer der Cahiers internationaux de sociologie 69 (1980), und außerdem *Soziologie des Lebenslaufes*. Hrsg. von M. Kohli. Darmstadt 1982; Ferrarotti, F.: *Storia e storie di vita*. Bari 1981.

Die Bedeutung der Alltagstheorien für die theologische Reflexion sollte schließlich nicht nur eine rein methodologische bleiben, sondern auch inhaltliche Auswirkungen mit sich bringen. Die heutige theologisch-ethische Reflexion hat noch allzu wenige Schritte in dieser Richtung gemacht.[21] Eine mögliche Spur einer inhaltlichen Verarbeitung der Kategorie des Alltags besteht in ihrer Anwendung und Benützung als Ausdruck des letztlich nicht Verfügbaren in der Geschichte. Gegen jeglichen totalitären, geschichtsphilosophisch oder geschichtstheologisch gefärbten Fortschrittsoptimismus, welcher die epochale Bedeutung revolutionärer Prozesse hervorhebt, vermag der Hinweis auf den Alltag als den Ort, wo das geschenkte Heil erfahrbar wird, die geheimnisvolle "Strategie Gottes" dem radikal bedürftigen Menschen gegenüber aufzuzeigen. Die genuine Bedeutung christlicher Existenz ist in dieser Perspektive als *messianische Alltagspraxis* zu definieren.

---

21 Eine Ausnahme bildet das Werk von Rizzi, A.: *Messianismo nella vita quotidiana*. Torino 1981, 260 S., welches in Italien ein breites Echo gefunden hat. Es handelt sich meines Wissens um die einzige Monographie, die gezielt die phänomenologisch orientierten Alltagstheorien fundamentaltheologisch, geschichtstheologisch und fundamentalethisch verarbeitet.

III. ÜBERLEBEN DURCH ETHOS? ZUM VERHÄLTNIS ZWISCHEN ZIVILISATIONSTHEORIEN UND ETHISCHEN ANSÄTZEN IN DER NEUEREN DISKUSSION

"Überleben"* scheint, und dies nicht nur bei namhaften Ethikern,[1] die oberste, die notwendigste und die dringendste Maxime unserer Zeit zu sein. Einen besonderen Stellenwert bekommt diese Maxime heute durch die Tatsache, daß die Selbstgefährdung des Menschen durch die von ihm erzeugten Zerstörungsprodukte aller Art die Voraussetzungen seines eigenen Überlebens radikal in Frage stellt.

Die Wahrnehmung dieser Grenzsituation, in der sich die heutige Menschheit befindet, sollte uns aber nicht zu pessimistischen Überlegungen führen, sondern unseren Blick für das Wesentliche und Spezifische in den Wandlungen des menschlichen Geschlechts schärfen.

Die gleichzeitige Benennung der Stichworte "Überleben" und "Ethos" mit einem Fragezeichen will Ausdruck einer Grundeinstellung sein, welche sowohl Gesellschaftsmetaphysik als auch Szientismus vermeiden will. Mit Gesellschaftsmetaphysik meine ich eine Grundhaltung, die dogmatisch und apriori eine normative wesenhafte Definition des Menschen und der Gesellschaft postuliert, aus der dann direkt unveränderbare ethische Imperative abzuleiten sind. Eine solche Grundhaltung verkennt die Geschichtlichkeit menschlicher Existenz, welche sich immer mit anderen Gestalten in der Zeit und innerhalb eines Raumes verkörpert und verwirklicht.

Überleben und Ethos stehen, in der Perspektive dieser Gesellschaftsmetaphysik, in einem Abhängigkeitsverhältnis. Die Normativität des Ethischen ist dem Menschen ein für allemal gegeben, und ihm sind dabei gestalterische und verändernde Möglichkeiten entzogen. Für denjenigen, der konsequent gesellschaftsmetaphysisch denkt, ist die Frage nach einem Zusammenhang zwischen dem Weiterbestehen der menschlichen Zivilisation(en) und den vom Menschen selbst entwickelten normativen Instanzen eine müßige und eine gefährliche Frage zugleich. Müßig ist die Frage nach diesem Zusammenhang, weil letzterer durch

---

* Zuerst veröffentlicht in *De Dignitate hominis. Mélanges offerts à Carlos-Josaphat Pinto de Oliveira.* Hrsg. von A. Holderegger - R. Imbach - R. Suarez de Miguel. Freiburg i. Ue. - Freiburg i. Br. 1987, 307-315 (= Studien zur theologischen Ethik, Bd. 22).

1 Vgl. unter vielen: Ruh, H.: *Überleben als oberste Maxime. Zur heutigen Problematik von Sicherheit und Abrüstung,* in: Reformatio 31 (1982) 32-43.

das Primat des Ethischen schon gelöst ist, gefährlich ist sie, weil dadurch eine bestehende Sicherheit in Frage gestellt wird. Es besteht aber die andere Gefahr, normative Konflikte, welche im Zusammenhang mit Überlebensstrategien entstehen, mit der mechanischen Anwendung von Denkmustern, welche aus den Naturwissenschaften abgeleitet werden, lösen zu wollen. Diese szientistische Wahrnehmung des Ethischen möchte mit Rekurs auf die reine Empirie definieren, worin sich die ethische Qualität des Spielraums des Menschen befindet und woran sie sich entscheidet.

Es ist meine Absicht, einen mittleren Weg zu nehmen, wohl bewußt, daß damit die hier zur Diskussion stehende Problematik nicht leichter zu bewältigen ist. Ich möchte versuchen, die Frage nach der Entstehung und nach der Entfaltung des Ethischen beim Menschen im Zusammenhang mit einer Zivilisationstheorie zu erörtern und kritisch zu durchleuchten. Damit ist die Ethik als spekulative, rein theoretisch-prinzipielle Disziplin auf Aussagen der humanwissenschaftlich argumentierenden Anthropologie angewiesen.

Die mannigfaltigen und komplexen Zusammenhänge zwischen anthropologischen Ansätzen und Aussagen über die Entstehung und Entwicklung des Ethischen werden nicht erst heute reflektiert. Es ist nun nicht meine Absicht, in die Argumentationsfiguren früherer anthropologischer Ansätze einzutreten und dort die Korrektheit oder Unkorrektheit der postulierten Verhältnisse zwischen anthropologischen und ethischen Aussagen zu überprüfen. Vielmehr möchte ich mich mit neueren sozioanthropologischen Versuchen auseinandersetzen,[2] die meiner Mei-

---

2 Vgl. zur ganzen Problematik: Habermas, J.: *Zur Rekonstruktion des historischen Materialismus.* Frankfurt/M. 1976, und vor allem die darin enthaltenen Aufsätze: *Moralentwicklung und Ich-Identität* (63-91); *Zum Theorievergleich in der Soziologie: am Beispiel der Evolutionstheorie* (129-143); *Geschichte und Evolution* (200-259); *Überlegungen zum evolutionären Stellenwert des modernen Rechts* (260-267). Außerdem: Ders., *Moralbewußtsein und kommunikatives Handeln.* Frankfurt/M. 1983. Im Kreis von Habermas und in exemplarischer Anwendung an die Bereiche des Rechts und der Religion vgl.: Eder, K.: *Die Entstehung staatlich organisierter Gesellschaften. Ein Beitrag zu einer Theorie sozialer Evolution.* Frankfurt/M. 1976; Döbert, K.: *Systemtheorie und die Entwicklung religiöser Deutungssysteme.* Frankfurt/M. 1973. Zur weiteren Diskussion des sozio-evolutionären Ansatzes vgl. Gumppenberg, R.: *Zum Verhältnis von Widerspruch und Identitätsbegründung. Über die Logik von Ich- und Systemprozessen,* in: Zeitschrift für philosophische Forschung 35 (1981) 66-73; Eder, K.: *Zum Problem der logischen Periodisierung von Produktionsweisen. Ein Beitrag zu einer evolutionstheoretischen Rekonstruktion des historischen Materialismus,* sowie Döbert, R.: *Methodologische und forschungsstrategische Implikatio-*

nung nach geeigneter sind, die Komplexität dieses Verhältnisses plausibel darzustellen und adäquat zu erklären, auch wenn es diesen nicht gelingt, die spezifische Aufgabe der Ethik, nämlich das Normative selbst zu begründen, zu leisten.[3]
Bei der soeben erwähnten sozioanthropologischen Grundorientierung wird eine bestimmte Parallelität zwischen der ontogenetischen Entwicklung des Ethischen beim einzelnen Menschen und der phylogenetischen Entwicklung von Gesellschaften und Zivilisationen postuliert. Wir stehen hier vor einer Art Wiederauflage der Rede über Phylogenese und Ontogenese, welche der klassischen Evolutionstheorie schon bekannt war. Nur will die Neuaufnahme dieses Diskurses, mindestens bei Habermas, der Komplexität der Wechselwirkungen zwischen beiden Sphären gerechter werden.

> "Die kognitivistische Entwicklungspsychologie hat für die Ontogenese verschiedene Stufen des moralischen Bewußtseins nachgewiesen, die im einzelnen als präkonventionelle, konventionelle und postkonventionelle Muster der Problemlösung beschrieben werden. Dieselben Muster kehren in der sozialen Evolution der Rechts- und Moralvorstellungen wieder. Die ontogenetischen Modelle sind gewiß besser analysiert und bestätigt als ihre sozial-evolutionären Gegenstücke. Daß sich aber in der Gattungsgeschichte *homologe Bewußtseinsstrukturen* finden, kann nicht überraschen, wenn man bedenkt, daß die sprachlich hergestellte

---

nen von evolutionstheoretischen Studienmodellen, beide in *Theorien des historischen Materialismus*. Hrsg. von U. Jaeggi und A. Honneth. Frankfurt/M. 1977, 501-523 bzw. 524-560. In einer orthodox-marxistischen Perspektive haben zum Habermasschen Ansatz Stellung genommen: Holzer, H.: *Evolution oder Geschichte? Einführung in Theorien gesellschaftlicher Entwicklung*. Köln 1978; *"Kritische Theorie" zwischen Theologie und Evolutionstheorie*. Hrsg. von W. Kunstmann und E. Sander. München 1981.

3 Ich werde mich dabei einerseits an den Forschungen von Piaget und Kohlberg zur ethischen Entwicklung des Kindes und andererseits an deren transformierter Übernahme im Rahmen einer Zivilisationstheorie durch Habermas und seine Schule orientieren. Die Orientierung an Piaget/Kohlberg einerseits und an Habermas andererseits hat hier nicht den Sinn eines Bekenntnisses zu einer bestimmten sozioanthropologischen Grundorientierung, sondern soll vielmehr als Probe aufs Exempel dienen, um die Probleme, welche im Zusammenhang des Verhältnisses zwischen der anthropologischen und ethischen Reflexion entstehen, ein wenig zu klären.

> Intersubjektivität der Verständigung die gattungsgeschichtliche Innovation anzeigt, die die Ebene soziokulturellen Lernens erst ermöglicht hat. Auf dieser Ebene sind die Reproduktion der Gesellschaft und die Sozialisation der Gesellschaftsmitglieder zwei Aspekte desselben Vorgangs; sie sind abhängig von denselben Strukturen. ... Wenn man nach Homologien zwischen der Ich-Entwicklung und der Evolution von Weltbildern sucht, muß man sich hüten, vorschnelle Parallelen zu ziehen."[4]

Habermas versucht zu zeigen, daß parallele Entwicklungslogiken beim Individuum und bei Gesellschaftssystemen am Werke sind. Damit erhält das Ethische, im Vergleich etwa mit früheren sozioanthropologischen Ansätzen, einen zentralen Stellenwert. In der Tat werden hier die ethischen Standards zu relevanten Indikatoren innerhalb einer Zivilisationstheorie.

Ontogenetisch gesehen, auf der Ebene der Sozialisation des einzelnen Individuums, wird diese Relevanz für die Evolution der ganzen Menschheit so interpretiert, daß parallel zur ethischen Entwicklung des Individuums ähnliche Stadien der Identitätsfindung postuliert werden. Nach Habermas "stellt also die Moralentwicklung einen Teil der für die Ich-Identität entscheidenden Persönlichkeitsentwicklung dar."[5] Man kann also nicht von Autonomie des Ichs reden, wenn man nicht gleichzeitig einerseits die ethische Fähigkeit zur Autonomie und andererseits einen Grad von Fähigkeit zur Selbstreflexion postuliert und einbezieht. Die ethische Kompetenz, hier verstanden als die Fähigkeit, im Alltag mit normativen Konflikten argumentativ umgehen zu können, steht in einem direkten Zusammenhang mit dem erreichten Grad an Ich-Identität.

Diese Entwicklungslogik, welche sich auf der Ebene des Einzelnen empirisch in verschiedenen Stadien beobachten läßt, ist auch auf der Ebene der Evolution von Gesellschaften und Zivilisationen nachweisbar. Sicherlich sind die Entwicklungslogiken in der Ontogenese und in der Phylogenese nicht leicht zu parallelisieren. Zu Recht sagt Habermas:

"Wir dürfen aus der Ontogenese keine voreiligen Schlüsse für die Entwicklungsniveaus von Gesellschaften ziehen. Die sozial-evolutionären

---

4 Vgl. Habermas, J.: *Zur Rekonstruktion des historischen Materialismus*, a.a.O. 16.

5 a.a.O. 74.

Lernprozesse können weder der Gesellschaft noch den Individuen alleine zugerechnet werden. Wohl trägt das Persönlichkeitssystem den Lernvorgang der Ontogenese; und in gewisser Weise sind es allein die vergesellschafteten Subjekte, die lernen. Aber Gesellschaftssysteme können unter Ausschöpfung der Lernkapazität vergesellschafteter Subjekte neue Strukturen bilden, um bestandsgefährdende Steuerungsprobleme zu lösen. Insofern ist der *evolutionäre Lernprozeß der Gesellschaften* [Hervorhebung von mir] abhängig von den Kompetenzen der ihr zugehörigen Individuen. Diese wiederum erwerben ihre Kompetenzen nicht als vereinzelte Monaden, sondern indem sie in die symbolischen Strukturen ihrer Lebenswelt hineinwachsen."[6]
Was für eine Präsenz nimmt nun das Ethische im Verlauf und in der Evolution von Gesellschaften und Zivilisationen wahr? Ganz im Sinne der postulierten Analogie zwischen der ontogenetischen und der phylogenetischen Betrachtung des Menschen wird hier, in der Perspektive der Habermas-Schule, dem Ethischen eine zentrale Rolle zugesprochen. Nach Klaus Eder, der mit Hilfe der Kategorien und Grundhypothesen von Habermas und Piaget/Kohlberg versucht hat, den Übergang zwischen den archaischen, vorstaatlich organisierten Gesellschaften und den staatlich klassenmäßig organisierten Gesellschaften zu interpretieren, ist "der Mechanismus, der die Entstehung archaischer Hochkulturen ermöglicht, ein evolutionärer Lernschritt in der moralischen Ordnung eines Gesellschaftssystems, der die Ausdifferenzierung von Herrschaftsinstitutionen ermöglicht."[7] Mit anderen Worten sind die *moralischen Lernprozesse* die entscheidenden Motoren der geschichtlichen Evolution der Menschheit. Diese Evolution, als ethische Restrukturierung eines Gesellschaftssystems interpretiert, geschieht, immer nach Ansicht der Habermas-Schule, durch die entscheidende Hilfeleistung der Institution *des Rechts*.
Nach Eder "ist die moralische Reorganisation der Gesellschaft abhängig davon, inwieweit die Moralisierung des Rechts gelingt." Man kann sagen, daß eine Gesellschaft sich in einem evolutionären Prozeß befindet, wenn es ihr gelingt, in den unterschiedlich organisierten Konfliktbewältigungen ein neues Wissenspotential zu erzeugen und institutionell (d.h. in rechtlichen Gestalten) zu fixieren und zu sichern.
Diese Hypothese wird von Eder durch den Vorschlag eines Stufenschemas der rechtlichen Regelungen von Handlungskonflikten konkretisiert. Für diese Stadien oder Stufen gelten die Merkmale der parallelen

---

[6] a.a.O. 169-170.

[7] Vgl. Eder, K.: a.a.O. 71.

Stadien der moralischen Standards (vgl. Piaget/ Kohlberg) oder der Religion (vgl. Oser).
Ist aber die Notwendigkeit des Überlebens durch den Rekurs an die von Habermas vorgeschlagene Evolutions- und Zivilisationstheorie gesichert? Ich möchte die Frage nicht einfach durch eine positive oder negative Würdigung dieses Ansatzes sozusagen erledigen, sondern sie durch die Einführung von anders gelagerten sozio-anthropologischen Gesichtspunkten nochmals in einer verschärften Weise stellen.
An dieser Stelle wären viele Einwände an Habermas und an seiner Schule möglich. Denken wir nur an alle von einer systematisch orientierten (N. Luhmann) Evolutionstheorie gesammelten Gegenargumente. Oder man könnte sich, um einen weniger populären, aber gleichsam bekannten anderen Ansatz zu zitieren, hier mit der materialistisch, vulgärmarxistisch orientierten Anthropologie auseinandersetzen. Wir würden aber dabei den Blick für unsere Ausgangsfrage verlieren. Diese wird durch eine pessimistischere anthropologische Fragestellung erneut aufgerollt.
In dieser Perspektive ist zuerst einmal der Mensch auch in seinem ethischen Spielraum durch innerliche und äußerliche Gegebenheiten begrenzt. Begrenzt ist er nicht nur in dem Sinne, daß er nur bestimmte höhere oder niedrigere Formen des geregelten Zusammenseins erleben kann, sondern begrenzt ist der Mensch auch, weil der Sinn der verschiedenen Formen des Zusammenschlusses *ambivalent* ist.
Diese Formen sind nicht nur durch ein verschieden organisiertes und legitimiertes verbindendes Zueinander, sondern durch ein konkurrierendes Gegeneinander gekennzeichnet.
Diese "intraspezifische Aggression", wie sie von den Ethologen genannt wird, wird von anders als Habermas denkenden Anthropologen als ein konstruktives Element der sozialen Evolution angesehen. Dieses konkurrierende Gegeneinander des menschlichen Zusammenlebens in den verschiedenen Stadien seiner Evolution sollte also nicht als schlechthin zerstörerisches negatives Prinzip deklariert werden. Vielmehr sollte man es in eine sozio-anthropologische Grundreflexion einbeziehen und infolgedessen den Menschen "als dem Menschen Bedürfniswesen, Aggressor und Fürsorger zugleich" definieren.[8] Diese anthropologische Grundinterpretation führt zu einer anderen Einschätzung des Ethischen im Hinblick auf seine Funktion in den Mechanis-

---

[8] Die Definition stammt aus Korff, W.: *Norm und Sittlichkeit. Untersuchungen zur Logik der normativen Vernunft.* Mainz 1973, hier 91. Korff bleibt, bei einer differenzierten Korrektur, stark an Gehlen orientiert.

men der Evolution der Gesellschaften, als das bei Habermas und seinen Jüngern der Fall ist. Es wird hier, vor allem bei Biologen wie A. Portmann oder bei Ethologen wie K. Lorenz und I. Eibl-Eibesfeldt, zwar betont, daß der philogenetischer Humanisierungsprozeß durch eine zunehmende Domestizierung und Ritualisierung gegenseitiger Aggression begünstigt wird.
Der Spielraum der möglichen Evolution im zwischenmenschlichen Verhalten ist aber durch Programmierungsmechanismen vorbestimmt. Das Ethische kann in dieser sozio-anthropologischen Perspektive nicht vom Menschen beliebig definiert oder gar gestaltet werden. Es gibt eher in jeder Phase der menschlichen Evolution (sei es nun onto- oder phylogenetisch gesehen) eine Art, wie W. Korff sagt, "Strukturfahrplan aller Formen konkreter menschlicher Sozialisation ..., der gleichzeitig als humanes Bedingungsfeld ihrer Moralität angesehen werden kann."[9]
Das Ethische weist also dem Menschen eher die Grenzen seines Handlungsspielraumes als die freien, offenen Möglichkeiten seiner Gestaltung auf. Um die naturale Unbeliebigkeitslogik jeglicher menschlichen Normativität zu begründen, vertritt dann konsequenterweise W. Korff folgende These:

> "Dieselben bio-psychischen Antriebsstrukturen, auf denen das Sozialverhalten des Menschen basiert, und die sich als solche bereits bei den höheren lebenden Tieren aufweisen lassen, prädisponieren sowohl den inneren Aufbau menschlicher Personalität als auch die Formen menschlicher Vergesellschaftung und terminieren damit den Spielraum möglicher Moralen."[10]

Unsere Ausgangsfrage, nämlich die Frage der Suche nach realen Möglichkeiten des Überlebens für die Menschengattung, wird hier mit einem vertrauensvollen Hinweis auf biologisch verankerte Prädispositionen des menschlichen Verhaltens gelöst. Es wird sicherlich kein neoromantisches "retour à la nature" vorgeschlagen, es wird aber die Meinung vertreten, daß heutige und künftige ethische Normen zur Sicherung der menschlichen Evolution weiterhin auf die naturalen Unbeliebigkeiten menschlichen Verhaltens bezogen werden müssen.
Ich habe den Eindruck - und hier verdichtet sich nun meine kritische Einstellung zur ethologisch verkürzten Anthropologie -, daß die Vor-

---

9 a.a.O. 97.

10 a.a.O. 78.

stellung des Ethischen durch eine bestimmte Rezeption der Verhaltensforschung naturalistisch degradiert wird. Mit den Kategorien der philosophischen Anthropologie könnte man sagen, daß hier die unreduzierbare Doppeldimension der menschlichen Existenz, nämlich die der *Natur* und der *Geschichte*, auf die erste hin verkürzt wird, indem die wesenhafte Differenz der Geschichte der Natur gegenüber nicht voll anerkannt wird. So kann J. Habermas in direkter Polemik gegen Gehlen zu Recht behaupten:

> "Es mag sein, daß einige Instinktreste, wie die vom Kindchen-Schema ausgelösten Fürsorgeimpulse oder libidinöse Antriebe überhaupt, leichter in die Form sozial erlaubter Motivationen umgesetzt werden können; es mag sein, daß sie der Ethik der Rede eher entgegenkommen als beispielsweise destruktive Antriebe. Aber Wurzeln der Ethik sind es darum noch nicht. Denn [und hier kommt die Gegenthese von Habermas] relevant ist nicht das naturgeschichtliche Potential als solches, sondern die Form seiner symbolischen Strukturierung."[11]

Geschichte, hier verstanden als Summe der menschlichen Interaktionen und der menschlichen Arbeit (als vernünftiges Umgehen mit der Natur), ist also nicht nur als ausdifferenzierte, verfeinerte und komplexere Gestaltung dessen, was in naturhaften Prädispositionen vorlag, zu interpretieren, sondern als Ort der Freiheit zu deuten.

Habermas gibt zwar zu, daß der lange Evolutionsprozeß, der zum "Homo sapiens" führt, "durch Ineinandergreifen organischer und kultureller Entwicklungsmechanismen bestimmt ist."[12]

Seitdem wir aber mit dem Homo sapiens zu tun haben, haben wir mit Geschichte zu tun, d.h. mit diskursiv und sprachlich vermittelten Normen.

Mit seinen Worten gesagt heißt das: "Erst an der Schwelle zum Homo sapiens weicht diese organisch-kulturelle Mischform der Evolution

---

11 Habermas, J.: *Nachgeahmte Substantialität,* in: Ders., *Philosophisch-politische Profile.* Frankfurt 1981, 107-126, hier 126. Zu Gehlens anthropologischem Ansatz hatte Habermas schon 1956 Stellung genommen. Vgl. die Rezension von Gehlens *Urmensch und Spätkultur* im oben genannten Sammelband *Philosophisch-politische Profile* unter dem Titel *Der Zerfall der Institutionen,* a.a.O.

12 Habermas, J.: *Zur Rekonstruktion des historischen Materialismus,* a.a.O. 147.

einer *ausschließlich sozialen Evolution.* Der natürliche Evolutionsmechanismus kommt zum Stillstand."[13]
An der Stelle der natürlichen Mechanismen muß nun der Mensch durch von ihm selbst gestaltete Institutionen die Evolution weitertragen. Dies erklärt mindestens zum Teil die Existenz von Selbstgefährdungsmechanismen bei sehr komplexen und entwickelten Gesellschaften wie der unseren. Die Intensität der Selbstgefährdung ist heute so weit gegangen, daß die irreversible Selbstzerstörung der Menschheit in die Nähe des Möglichen rückt. Hier kann eine Strategie des Überlebens nicht nur allein auf biologisch verankerten Adaptionsmechanismen rekurrieren oder sich damit begnügen.
Überleben ist ein Imperativ und ein Appell an unsere gesellschaftlich organisierte Freiheit. Anders als bei Biosystemen können wir jederzeit neue Strukturen entwickeln, ohne dabei evolutionär zu sterben. Es ist uns durch die bis jetzt erreichte Entwicklung die Möglichkeit gegeben, neue Identitäten zu schaffen, welche in einem Kontinuitätsverhältnis mit früheren Gesellschaftsformationen stehen. Überleben ist für uns eine Norm, welche von uns als "Weiterleben" kreativ, aber nicht beliebig gestaltet werden kann.
Ich frage mich nun am Ende dieser skizzen- und bruchstückhaften Überlegungen, ob es möglich ist, den so gestellten Imperativ des Überlebens einigermaßen zu erfüllen, ohne dabei *ein neues Weltbild erwerben* zu wollen. Sich unkritisch ausschließlich an das sogenannte wissenschaftliche Weltbild, welches aus den neuzeitlichen Naturwissenschaften weitergetragen wurde, zu halten, scheint mir ungenügend und gefährlich zugleich.

> "Die im Entstehen begriffene Weltgesellschaft mag ihre Steuerungskapazitäten noch so sehr erhöhen; wenn dies nur um den Preis der humanen Substanz möglich ist, müßte jeder weitere evolutionäre Schub die Selbstzerstörung der vergesellschafteten Individuen und ihrer Lebenswelt bedeuten ... Die rationale Durchdringung und wachsende technische Verfügung über eine entmythologisierte äußere Natur wird am Ende mit der Verleugnung der reprimierten eigenen Natur des Menschen bezahlt: die Subjekte selbst verkümmern."[14]

---

13 ebd.

14 a.a.O. 114.

Es ist notwendig, uns ein neues Bild der Natur und der Gesellschaft anzueignen. Hier stellt sich für mich eine zweite Frage. Ist es möglich, eine vernünftige Identität für die "Weltgesellschaft" zu erreichen, ohne die Welt, ich wage hier die theologische Kategorie ganz unvorsichtig einzuführen, als *Schöpfung* zu verstehen? Welt als Schöpfung zu verstehen bedeutet, sie gleichzeitig als Gabe und als Auftrag wahrzunehmen. Was eine solche Umschreibung normativ für die Zukunft der Gattung "Mensch" bedeutet, kann ich an dieser Stelle nicht entfalten: es handelt sich hier auf alle Fälle um eine alternative Praxis, welche die Widersprüche des "wissenschaftlichen Fortschritts" aufzuheben versucht.
Und nun komme ich zur dritten, abschließenden Frage: Kann man die Evolution des menschlichen Geschlechts in ihren Schwierigkeiten, Widersprüchen und Zerstörungen begreifen ohne jeglichen Bezug (hier meldet sich unvorsichtigerweise eine weitere theologische Kategorie an) auf den Begriff der *"Erlösung"*?
Schon Adorno hatte in philosophischer Perspektive versucht, auf die Notwendigkeit der Einbeziehung der Erlösungsdimension bei der Grundlegung einer Philosophie der Geschichte hinzuweisen.

> "Philosophie, wie sie im Angesicht der Verzweiflung einzig noch zu verantworten ist, wäre der Versuch, alle Dinge so zu betrachten, wie sie vom Standpunkt der Erlösung aus sich darstellten. Erkenntnis hat kein Licht, als das von der Erlösung her auf die Welt scheint: alles andere erschöpft sich in der Nachkonstruktion und bleibt ein Stück Technik. Perspektiven müßten hergestellt werden, in denen die Welt ähnlich sich versetzt, verfremdet, ihre Risse und Schründe offenbart, wie sie einmal als bedürftig und entstellt im Messianischen Lichte daliegen wird. Ohne Willkür und Gewalt, ganz aus der Fühlung mit den Gegenständen heraus solche Perspektiven zu gewinnen, darauf allein kommt es dem Denken an."[15]

Verbunden mit dieser kritischeren und distanzierteren Bewertung jeglicher "Evolution" von Produktions- und Deutungssystemen ist ein kritischer Gebrauch der Kategorie der *Menschenwürde* verbunden. Letztere sollte weder vorschnell substantialisiert noch radikal historisiert wer-

---

15 Th. W. Adorno: *Minima moralia*. Frankfurt/M. 1971, 333-334.

den. Sie sollte dort korrekt gebraucht und reklamiert werden, wo im Namen einer falsch verstandenen Evolutionstheorie der Mensch immer noch bloß als Mittel und nicht als Zweck in sich betrachtet und behandelt wird.[16]

---

16 Vgl: Kant, I.: *Grundlegung zur Metaphysik der Sitten.* Hamburg 1965, 57 (= Ak. IV, 286-287).

Teil 2

BEITRÄGE AUS DEM BIOMEDIZINISCHEN BEREICH

IV. MEDIZIN ZWISCHEN FORTSCHRITT UND VERANTWORTUNG

Heutiges ethisches Suchen[*] scheint, wenn nicht zum Scheitern, so doch zur Paradoxie, ja zur Ausweglosigkeit verdammt zu sein. "Einerseits war das Bedürfnis nach einer universalen, das heißt für die menschliche Gesellschaft insgesamt verbindlichen Ethik noch nie so dringend wie in unserem Zeitalter, einer durch die technologischen Konsequenzen der Wissenschaft hergestellten planetaren Einheitszivilisation. Andererseits scheint die Aufgabe einer rationalen Begründung allgemeiner Ethik noch nie so schwierig, ja aussichtslos gewesen zu sein wie im Zeitalter der Wissenschaft, und zwar deshalb, weil die Idee intersubjektiver Geltung in diesem Zeitalter ebenfalls durch die Wissenschaft präjudiziert ist ..."[1] Vor dieser paradoxen, aber nicht völlig aussichtslosen Lage des Ethischen helfen weder Isolation und Resignation noch unkritischer, bloß gefühlsmäßig begründeter Enthusiasmus weiter. Wir brauchen vielmehr den Mut zu kleinen Schritten der aufmerksamen Analyse, des Detailurteils, ohne sofort eine Art Gesamtabrechnung mit unserer Zeit vornehmen zu wollen. Wir stehen zuerst einmal vor einer Art doppelter Krise: Krise des Ethos und Krise der Ethik. Es handelt sich im Grunde um ein einziges Phänomen, aber diese Einteilung hilft uns, seine Konturen wahrzunehmen.

Lange bevor wir theoretische Überlegungen anstellen über die ethische Not unserer Zeit, spüren wir sie täglich, wenn auch nur zum Teil bewußt, am eigenen Leibe. Als Individuen haben wir manchmal Mühe, traditionelle moralische Normen heute weiterhin anzuwenden. Bestimmte Werte, an denen wir immer noch hängen, kollidieren auf eine ganz neue Weise mit anderen Werten, mit denen wir uns ebenfalls identifizieren können. Wir stehen oft in einer Situation der Ausweglosigkeit und haben manchmal das Gefühl, daß wir so oder so bei jeder Entscheidung schuldig werden.

Nicht nur die Individuen erleben die Krise des Ethischen, sondern auch Gruppen, Gemeinschaften und Institutionen. Die Grundverpflichtung vieler Institutionen zu einer umfassenden "Weltanschauung" oder zu einem bestimmten "Menschenbild", einer Verpflichtung, die sich bis zur öffentlichen Benennung manifestiert (das "Christlich" oder "Evangelisch" bei Parteien und anderen gesellschaftlichen Organisationen),

---

* Dieser Aufsatz wurde zuerst, unter dem gleichen Titel, in: Reformatio 32 (1983) 231-239, veröffentlicht.

1 Apel, K. O.: *Transformation der Philosophie*. Frankfurt/M. 1974, 2 Bde., Bd. 2, 359.

entschärft diese Krise nicht. Im Gegenteil, die Etikette wirkt manchmal geradezu verschärfend.
Diese im Alltag auf vortheoretische Weise von uns allen erlebte Unsicherheit ist nun, wenn auch unter anderen Bedingungen und Vorzeichen, auch im wissenschaftlichen Bereich der philosophischen und der theologischen Ethik anzutreffen. Nie ist die philosophisch-ethische Diskussion während dieses Jahrhunderts so reich und so lebendig gewesen wie in den letzten zehn Jahren. Wir stehen vor einer Rehabilitierung oder Renaissance der praktischen Philosophie, welche die Not und die Suche nach Wörtern und Normen in unserer Zeit widerspiegelt.
Diese erfreuliche Entwicklung sollte uns aber nicht täuschen. In der Tat herrscht zur Zeit keineswegs ein Konsens über Gegenstand, Methoden und Ziele der ethischen Reflexion und der ethischen Forschung. Die Ansichten über den Gegenstand der Ethik - um hier den ersten Dissens kurz zu erläutern - sind nicht leicht unter einen Hut zu bringen. Unser ethisches Bewußtsein hatte sich bis zum heutigen Tag eher auf einen Nahbereich der zwischenmenschlichen Beziehungen konzentriert, mit einigen Konsequenzen für den Mittelbereich des Lebens in einer staatlich organisierten Gesellschaft (Sozialethik, politische Ethik). Heute stehen wir in einer makroplanetarischen ethischen Verantwortung der ganzen Erde, ja sogar dem Kosmos gegenüber. Alle diese Schichten der Verantwortung harmonieren leider oftmals nicht miteinander. Manchmal entstehen sogar harte normative Konflikte und Widersprüche zwischen den verschiedenen Ebenen, wo das ethisch Gute verwirklicht werden sollte. Die Krise des Ethos und der Ethik trägt viele, manchmal widerspruchsvolle Züge. Einen davon möchte ich hier nennen, vor allem wegen seiner Tragweite im *Bereich der Medizin.*
Es handelt sich um das wohlbekannte Phänomen der *Verspätung des Ethischen dem Realen gegenüber.* Es sieht so aus, als ob der Mensch abtastend neue Erkenntnisse erwirbt, neue therapeutische Möglichkeiten entdeckt und erst beim Auftauchen von neuen Bedrohungen sich die ethische Frage nach der Zulässigkeit seines Suchens stellt. Diese strukturelle Verspätung des Ethischen dem experimentellen Recherchieren gegenüber ist freilich nicht neu; sie ist schon dem klassischen Philosophen bekannt. Er machte zu Recht dem Forscher die Auflage, für die bis zu dieser Zeit noch voraussagbaren Folgen des eigenen Experimentierens die volle ethische Verantwortung zu tragen. Was heute neu ist, ist die qualitative Distanz, welche nun zwischen dem empirischen Experiment und der ethischen Reflexion liegt. Der Forscher hat es immer mehr mit qualitativ neuen Folgen seiner Recherchen zu tun, welche nur in wenigen Fällen in der Komplexität möglicher Kettenreaktionen voraussagbar sind. Er empfindet die ethische Verant-

wortung für die nicht voraussagbaren Folgen seiner Untersuchungen als eine schwere moralische Belastung, welche seine Freiheit und Kreativität unrechtmäßig einschränkt. Die institutionellen *Regulierungsversuche* des Verhältnisses "Forschung - Gewissen - Gesellschaft" in Form von "Erklärungen" oder "Ehrenkodex" und einzelnen Gesetzgebungen sowie die Bildung von "ethischen Kommissionen" an wichtigen Entscheidungsorten vermögen dieses Unbehagen nicht völlig auszuräumen. Obwohl praktisch alle an der Forschung Beteiligten die prinzipielle Notwendigkeit einer minimalen Regulierung der Forschung bejahen, gehen sie von sehr *verschiedenen Modellen der Wissenschaftlichkeit* aus. Diese Rückkoppelung an kontrastierende Modelle von Wissenschaft und deren ethische Kontrollierbarkeit führen wiederum zu sehr anders gelagerten Erwartungen an die Ethik überhaupt. Zwei solche Modelle von Wissenschaftlichkeit seien hier erwähnt: Im sogenannten *"liberistischen" Modell* oder Wissenschaftsideal ist man der Meinung, der moralische Appell an die einzelnen Forscher reiche zur Regulierung der meisten Konflikte aus; eine mehr ins Detail gehende öffentliche Gesetzgebung würde die Freiheit der wissenschaftlichen Forschung verletzen. Man ist bereit, sich an Verfahrensregelungen zu binden, gleichzeitig betont man aber die Vorzüge der Selbstkontrolle der Wissenschaftler selbst. Der Geist dieses *"liberistischen Modells"* beherrscht zum großen Teil immer noch die Meinung heutiger Naturwissenschaftler. Als Alternative zu diesem Modell wird als unkritisches Gegenbild ein *pessimistisches Wissenschaftsideal* verteidigt, welches die Notwendigkeit strafrechtlicher Sanktionen zur Einhaltung der ethischen Vereinbarungen betont.

Vor einer abstrakten Gegenüberstellung zwischen einem *"liberistischen"* und einem *"regulierten"* Forschungsideal hat der Ethiker die größte Mühe, seine eigenen Anliegen plausibel zu begründen. Von ihm wird verlangt, daß er Normen vorschlägt, welche gleichzeitig die Freiheit und die Kreativität des Forschers betonen, die Internalisierung ethischer Ideen beim Forscher begünstigen und dabei noch das Interesse aller direkt oder indirekt Beteiligten erwecken. Vor einem solchen *massiven Anspruch* an die ethische Reflexion kann der Ethiker nur auf den Gegenstand der Forschung aufmerksam machen, in der Hoffnung, daß die gemeinsame Anstrengung, den Gegenstand der Forschung selbst besser zu definieren und das dazu gehörige Erkenntnisinteresse adäquater zu erfassen, auch eine Entlastung im normativen Bereich mit sich bringen wird.

Ein optimaler Ansatz für die medizinische Ethik kann leichter gefunden werden, wenn man sich gemeinsam (das heißt interdisziplinär) bemüht, ein *differenzierteres Verständnis von Medizin* zu erreichen, in dem das

Ethische innerlich zum Begriff selbst gehört und nicht von außen her und künstlich aufgeklebt wird. Was medizinisches Wissen ist und worin seine wissenschaftstheoretische Legitimation besteht, ist alles andere als leicht zu bestimmen. Medizin umfasst Natur-, Gesellschafts- und Humanwissenschaften. "Gesundheit und Krankheit des Menschen werden sowohl von natürlichen wie von gesellschaftlichen Gesetzmäßigkeiten, die untereinander in vielfältigem dialektischem Zusammenhang stehen, bestimmt. Dies ist von wesentlicher Konsequenz für die Stellung der medizinischen Wissenschaft, die sich an der Nahtstelle zwischen den Natur- und Gesellschaftswissenschaften bewegt. Die Geschichte der Medizin ist daher sowohl als Resultat der Entwicklung der allgemeinen Naturwissenschaft als auch im Zusammenhang mit der historischen Entwicklung der Gesellschaftswissenschaft und deren Besonderheiten zu sehen."[2]

Medizinisches Handeln, als reflektierte Interaktion zwischen dem Arzt und dem Patienten definiert, ist nicht als reine Anwendung eines vorgegebenen technischen Wissens an einem kranken Menschen zu betrachten. Medizinisches Handeln ist nicht einfach ein zweckrationales Handeln, sondern *kommunikatives Handeln.* Die Anerkennung des kommunikativen Charakters jeglichen medizinischen Wissens, das sich nicht auf technisches Wissen reduzieren läßt, liefert noch nicht die Lösung der ethischen Probleme, welche mit der Anwendung dieses Wissens entstehen. Durch kritische Reflexion, durch die Aneignung der hermeneutischen Struktur des Wissens, auch des medizinischen Wissens, entdeckt jeder von uns gleichzeitig auch den normativen Charakter dieses Wissens. Er prädisponiert sich somit zur Lösung der ethischen Probleme der Medizin, auch wenn damit das Problem der Geltung der Normen noch nicht gelöst werden kann.

An zwei Beispielen soll dargestellt werden, daß medizinisches Wissen und Handeln sich immer im Schnittpunkt zwischen Technik, Kunst und Ethik befindet und daß die erste Versuchung darin besteht, die ethischen Probleme der Medizin durch die Verkürzung einer der drei notwendigen Dimensionen zu erleichtern.

Das erste Beispiel steht unter dem Stichwort *"Krankheit und Schuld."* Der Vertreter seiner jeweiligen Disziplin wird anerkennen, daß zwischen Krankheit und Schuld irgendein Zusammenhang besteht, aber er

---

2 Regus, M.: *Natur und Gesellschaft in der Entwicklung der Medizin als Wissenschaft,* in: Seminar: Medizin, Gesellschaft, Geschichte. Hrsg. von H. U. Deppe und M. Regus, Frankfurt/M. 1975, 29-73, hier 30.

wird zugleich auch versuchen, eine der beiden Dimensionen durch eine Art Denkimperialismus zu evakuieren.
Eine erste mögliche vorschnelle Vereinfachung des Zusammenhangs zwischen Krankheit und Schuld könnte von einer falsch verstandenen Theologie kommen. Man könnte bei einem ersten oberflächlichen Blick meinen, daß Theologie Schuld auf Sünde reduziert, Sünde als Beleidigung Gottes und damit Krankheit als Strafe definiert. In dieser vorwissenschaftlichen Perspektive ist Medizin keine eigenständige Disziplin, sondern von der Theologie abhängig. Gegen eine solche imperialistische theologische Art, das Verhältnis zwischen Krankheit und Schuld zu sehen, kann die Theologie selbst positive Elemente aus der eigenen Tradition schöpfen. So heißt es im Johannesevangelium:

> "Und Jesus ging vorüber und sah einen, der blind geboren war. Und seine Jünger fragten ihn und sprachen: 'Meister, wer hat gesündigt, dieser oder seine Eltern, daß er ist blind geboren?' Jesus antwortete: 'Es hat weder dieser gesündigt, noch seine Eltern, sondern es sollen die Werke Gottes offenbar werden an ihm'."[3]

Es ist gerade theologisch nicht gerechtfertigt, die Frage nach dem Verhältnis von Krankheit und Schuld auf die theologischen Elemente zu reduzieren und die medizinischen zu vernachlässigen.
Doch kann man auch einen anderen Denkimperialismus beobachten. Er besteht darin, die Dimension Schuld als ungehörig zu bezeichnen. Man ist hier der Überzeugung, die Denkmuster und Kategorien, die aus den Naturwissenschaften stammen, genügten, um einen adäquaten Begriff der Krankheit zu erarbeiten. Krankheit ist nur empirisch zu definieren, als Pathologie organischer Funktionen, die für alle Menschen gleich sind. Subjektive Zustände eines einzelnen kranken Menschen können eine Bedeutung haben für die konkrete klinische Beurteilung dieses Patienten, haben aber keine generalisierende Funktion. Die Frage nach einem möglichen Verhältnis zwischen Krankheit und Schuld wird hier als unangebracht abgetan.
Angesichts dieser Alternativen versucht die heutige medizinische Forschung einen Mittelweg zu gehen. Dieser Mittelweg, der sich vor allem in der Gesundheitsdefinition der Weltgesundheitsorganisation (WHO) widerspiegelt, kann das Problem des Verhältnisses zwischen Krankheit und Schuld nur zum Teil lösen.

---

3 Joh 9,3.

Laut WHO ist Gesundheit

> "der Zustand vollständigen körperlichen, geistigen und sozialen Wohlbefindens."[4]

Diese Definition anerkennt zwar, daß es eine Beziehung zwischen subjektiven und objektiven Zuständen im menschlichen Subjekt gibt, aber sie trägt der anthropologischen Bedeutung dieser Wechselwirkung zwischen geistigem und körperlichem Wohlbefinden nur ungenügend Rechnung. Liegt vielleicht eine der Schwächen der WHO-Definition der Gesundheit in der Tatsache, daß sie Krankheit bzw. Gesundheit als *Zustände* beschreibt? Bleibt eine Definition der Gesundheit nicht u-topisch, solange sie die Dimension des Leidens und der Schuld nicht bewußt einbezieht? Könnte man nicht Gesundheit und Krankheit statt als Zustände besser als Vorhanden- bzw. Nichtvorhandensein von *Fähigkeiten* definieren? Wenn dies stimmt, gewinnt das Phänomen des Schuldhaften wiederum eine normative Funktion für eine angemessene Definition von Gesundheit und Krankheit.
Wenn die Krankheit als eine partielle Handlungsunfähigkeit des Menschen definiert wird, dann weist sie *strukturell ähnliche Elemente* wie der Begriff der Schuld auf. Schuld kann sehr allgemein gesehen als Beziehungslosigkeit und Handlungsunfähigkeit umschrieben werden. Ähnliches erfährt, wenn auch auf einer anderen Ebene, der kranke Mensch: sein Kranksein beinhaltet ein gestörtes Verhältnis des Ichs zum eigenen Körper. Darüber hinaus bedeutet Kranksein die bittere Erfahrung einer verstärkten Entfremdung gegenüber der gesellschaftlichen Umgebung. Diese Erfahrungsmerkmale sind mit der Erfahrung von Schuld nicht gleichzusetzen, weisen aber strukturelle Ähnlichkeiten auf. Viele Kranke entdecken solche Ähnlichkeiten und erleben ihr Kranksein dann als radikale menschliche Krise. Der kritische Arzt sollte diese Elemente in sein Krankheitsbild bewußt einbeziehen.
Zum Wesen der Krankheit gehört, daß sie immer in eine Geschichte eingebettet ist. Wie Leben überhaupt, so ist auch die Krankheit nicht nur Zustand und/oder Unfähigkeit, sondern auch *Geschehen.* Deswegen braucht jede Interaktion zwischen Patienten und Ärzten der narrativen Vermittlung. Auch dieses erzählende Element, das wesentlich zur Definition der Krankheit gehört, weist strukturelle Ähnlichkeit mit der Erfahrung von Schuld auf. Diese wird auch nicht abstrakt, sondern

---

[4] Zit. in: Ringeling, H.: *Ethik im Bereich medizinischen Handelns,* in: Kirchenblatt für die reformierte Schweiz 136 (1980) 318-321, hier 318.

immer in Geschehnissen erfahren. Auch Schuld braucht eine Bewältigung, welche erzählenden Charakter hat, zum Beispiel im Seelsorgegespräch.
Diese Überlegungen zu Krankheit, Gesundheit und Schuld haben nun Konsequenzen für die Praxis der Medizin. Für das *Spitalwesen* führen sie zu einem neuen Verständnis der eigenen Aufgaben. Das Spital sollte sich nicht mehr als eine Stätte der Gesundheitskontrolle verstehen; noch weniger als ein Ort, wo ein allmächtiges medizinisches Wissen sich optimal organisieren kann. Wenn Kranksein und Schuldigsein bestimmte strukturelle Ähnlichkeiten aufweisen, dann muß das Spital eher als eine Gemeinschaft zwischen leidenden und gesunden Menschen verstanden werden. Ein solches Verständnis der Institution Spital verlangt gleichzeitig ein neues *Berufsbild des Arztes und des pflegenden Personals*. Es ist nicht gesagt, daß der Arzt, der die Dimension des Schuldhaften im Krankheitsbild bewußt aufnimmt, psychisch mehr belastet wird als derjenige, der nur mit einem rein organizistischen Begriff der Krankheit operiert. Im Gegenteil, gerade die heutige überspezialisierte Arbeitseinteilung in den Spitälern führt zu einer unnützen Potenzierung der psychischen Belastung der einzelnen Akteure.
Theologisch verstandene Schuld sollte nicht in Konkurrenz zu einer echt medizinisch verstandenen Krankheit treten. Die bewußte Wahrnehmung der Schulderfahrung erinnert kranke und gesunde Menschen vielmehr an ihre Grundsituation:

- Für kranke Menschen dient die kritische Erinnerung an eigene Schuld dazu, die Krankheit selbst als radikale Infragestellung der eigenen Sicherheiten zu erfahren. Krankheit wird nicht nur als Entfremdung wahrgenommen, als Einschränkung der eigenen Allmachtsträume, sondern positiv aufgenommen als eine der möglichen Varianten der verschiedenen Einschränkungen, mit denen Leben notwendigerweise zu tun hat.

- Die kritische Erinnerung an den Zusammenhang zwischen Krankheit und Schuld erinnert auch den Mediziner an die Notwendigkeit, auf eigene Allmachtsträume zu verzichten. Das Engagement, jegliche pathologische Erscheinung zu minimieren, steht nicht im Gegensatz zur Aufgabe, sich gleichzeitig dem Patienten gegenüber empathisch zu verhalten. Wenn die einfühlende Einstellung Priorität gewinnt über die naturwissenschaftlich orientierte Neugierde, besteht auch für den Arzt die Möglichkeit, im medizinischen Umgang mit den Kranken das eigene Gebrochensein zu entdecken und positiv wahrzunehmen.

Diese Überlegungen sollen nicht als ein Plädoyer für Wissenschaftsfeindlichkeit verstanden werden, sondern nur als bescheidener Beitrag zur Selbstbegrenzung der medizinischen Wissenschaft. Aus der Medizin selbst stammt die Einsicht, daß das Leiden vor dem Wissen kommt. Anhand eines weiteren Beispiels möchte ich nun zeigen, wie schwierig es ist, bei der Zusammengehörigkeit von naturwissenschaftlichem, medizinischem und ethischem Wissen eine *adäquate Arbeitseinteilung* zwischen diesen verschiedenen Bereichen zu gestalten. Es handelt sich um den Themenkomplex *Recht auf Leben,* eine Problematik, die durch einen politischen Vorstoß noch mehr Dringlichkeit und zugleich Komplexität erhalten hat. Um den Zusammenhang zwischen dem ethischen Problem des "Rechts auf Leben" und unserer allgemeinen Problematik zu zeigen, möchte ich die Paradoxie von K. O. Apel neu anwenden: Einerseits ist das Bedürfnis und die Notwendigkeit, das Leben im allgemeinen und das menschliche im besonderen zu schützen, nie so dringlich gewesen wie heute, andererseits ist aber auch nie die Aufgabe, Kriterien für die Normenfindung in diesem Bereich zu erarbeiten, so schwierig und so komplex gewesen wie heutzutage.
Die *Eidgenössische Initiative "Recht auf Leben"* sehe ich als einen Versuch, aus dieser paradoxen Situation mit einer definitiven Eindeutigkeit herauskommen zu können. Meine Überzeugung ist aber, daß diese definitive Eindeutigkeit mit dem vorgeschlagenen Text nicht erreicht werden kann. Um einen klaren Konsens in dieser Frage zu erreichen, sollte man sich im klaren sein, was man unter *"menschlichem Leben"* versteht und wie man ein daraus allenfalls abzuleitendes Menschenrecht am besten zu schützen meint. Die Bemerkungen, die ich zu den beiden Problemen machen werde, sollen nicht als grundsätzliche Verneinung des Anliegens verstanden werden, das im Initiativtext zum Ausdruck kommt, sondern als immanente Kritik am Text selber mit dem Ziel, der komplexen Problematik gerechter zu werden, ohne die ethische Dimension dabei zu verwässern.

> *"Jeder Mensch hat das Recht auf Leben und auf körperliche und geistige Unversehrtheit."*

Wenn man sich mit dieser Behauptung begnügt, sollten meines Erachtens keine großen Schwierigkeiten entstehen. Jede Person gilt in unserem Recht von ihrer Geburt an und bis zu ihrem sogenannten natürlichen Tod als Rechtssubjekt. Der Dissens fängt an, wenn der anthropologische Status des Gutes, das man schützen will, nicht mehr eindeutig definiert werden kann. Fehlt diese Eindeutigkeit, so kann der Schutz nicht mehr sicher und dauerhaft garantiert werden. Es ist also durchaus verständlich, wenn nicht jeder sich in der Lage fühlt, den zweiten Satz der erwähnten Initiative zu unterschreiben:

> *"Das Leben des Menschen beginnt mit dessen Zeugung und endet mit seinem natürlichen Tode."*

Die Schwäche dieser Behauptung liegt hauptsächlich in der Unbestimmtheit ihres wissenschaftstheoretischen Standortes. Handelt es sich um eine rein naturwissenschaftliche Beschreibung von biologischen Vorgängen, oder stehen wir hier vor einer philosophisch-anthropologischen Absichtserklärung? Die wissenschaftstheoretische Undeutlichkeit in der Statusbezeichnung des Subjektes innerhalb der oben zitierten Behauptung verursacht Verwirrung bei der Interpretation des Sachverhaltes selber.

Die Aussagen, welche Theologen, Embryologen, Mediziner oder - beim Tod - die Thanatologen über das menschliche Leben machen, sind - wissenschaftlich gesehen - *Aussagen gemischter Natur*. Einerseits können sie nicht als reine Beschreibungen von Phänomenen physischer Art betrachtet werden, andererseits scheint es mir unangemessen, sie als Vehikel zur Deklarierung der menschlichen Qualität eines biologischen Vorgangs zu benützen. Mit anderen Worten: Die Behauptung, die man sehr oft zu hören bekommt, vor allem aus dem Kreise der Initianten, wonach die Wissenschaft endgültig bewiesen habe, wie und wann menschliches Leben beginnt, und damit unwiderruflich den Beginn seiner Schutzwürdigkeit bestimmt habe, muß mit großer Vorsicht entgegengenommen werden. Sehr viele Naturwissenschaftler würden es sich heute selbst verbieten, ihre Aussagen als philosophisch-anthropologische Aussagen zu verstehen. Noch weniger wären sie einverstanden, daraus ethische Imperative oder Maximen ableiten zu lassen. Besteht die Aufgabe der Biologie also nur in reinen Beschreibungen natürlicher Phänomene? Das glaube ich auch nicht. Mit jeder Bezeichnung eines Phänomens sind auch allgemeine Vorstellungen verbunden, die anthropologisch und normativ vorgeprägt sind.

Die sozialethischen Imperative im Bereich des Schutzes des Lebens müssen also der wissenschaftstheoretischen *Mehrschichtigkeit der Aussagen* über das Leben selbst Rechnung tragen. Sie müssen sodann zweierlei vermeiden: Zum ersten müssen diese Normen jeden integristischen Maximalismus vermeiden. Zum zweiten dürfen sie die Lösung nicht in den Bereich der privaten Gesinnung zurücknehmen.

Wenn man eine solche Position einnimmt, dann vermeidet man auch jede extreme Definition des menschlichen Lebens selbst. Maximierende oder minimierende Definitionen bringen betroffene Menschen und

Mitmenschen in eine vermeidbare ethische Notsituation. Solche Definitionen belasten moralisch den einzelnen Menschen, sei es die Frau, den Sterbenden oder eine betroffene Person. Wenn man zum Beispiel behauptete, menschliches Leben bestehe dort, wo ein Mensch eigenständiger Träger spezifisch menschlicher Handlungen sein kann - das wäre eine minimalistische Definition -, dann entstünde meiner Meinung nach die Gefahr, daß ineffizientes Menschsein (zum Beispiel bei Debilen) nicht mehr als schutzwürdig angesehen würde. Jede solche Definition müßte entscheidende Unterscheidungen zwischen echtem und unechtem Leben treffen. Man wäre mehr oder weniger gezwungen, sich schlüssig zu werden, ob man im Einzelfall vor einem echten oder einem unechten Leben steht, und eine solche Entscheidung ginge meiner Meinung nach zu Lasten derer, die nicht in der Lage sind, etwas über die eigene Existenz zu sagen und diese als schutzwürdig zu deklarieren und zu verteidigen. Es würde sich um eine Norm zugunsten der Stärkeren handeln. Das Leben des Menschen ist also auch dann zu schützen, wenn es noch nicht oder nicht mehr die optimale menschliche Gestalt hat.

Geht man von der anderen extremen Definition aus, daß nämlich menschliches Leben immer da ist und immer schutzwürdig ist, dann gerät man in extreme praktische Aporien. Jede Manipulation im embryonalen Stadium oder in der Endphase des Lebens wäre dann mit einem qualifizierten Mord gleichzusetzen. Das brächte uns in große Schwierigkeiten. Es ist interessant zu beobachten, wie auch in der Geschichte des Kirchenrechts trotz der Bezeichnung der Abtreibung als Mord die Strafen nie die gleichen sind wie beim qualifizierten Mord. Das ist ein Hinweis auf ein Bewußtsein dafür, daß die beiden Tatbestände nicht ohne weiteres gleichgesetzt werden können.

Wenn sowohl die maximalistische als auch die minimalistische Definition unbrauchbar ist, das heißt in Sackgassen führt, welche Definition brauchen wir dann, um das menschliche Leben angemessen zu schützen? Ich bin der Meinung, daß die Definition, welche der komplexen Realität der menschlichen Existenz am besten gerecht werden kann, eine *Definition in sittlich-praktischer Absicht* ist. Das ist bestimmt nicht eine Definition, die in sich nur einen normativen Ausweg enthält, sondern eine, die zugleich offen und nicht beliebig ist. Eine Definition, die nur einen normativen Ausweg in sich trägt, entspräche einer dogmatischen Stellungnahme. Eine offene, aber nicht beliebige Definition des menschlichen Lebens erlaubt es, *vermeidbares Leiden auf ein Mindestmaß zu beschränken* und die Qualität des bestehenden Lebens so weit wie möglich zu steigern. Damit ist selbstverständlich keine Zauberformel gefunden. Ich bin mir bewußt, daß das vorgeschlagene Kriterium

sehr formaler Art ist. Die Gesetzgebung sollte sich aber an diesem formalen Kriterium orientieren. Es handelt sich auch um ein Kriterium, das Chancen hat, einen rationalen Konsens zwischen Gläubigen und Nichtgläubigen zu erreichen.
Viel schwieriger ist die Aufgabe, dieses Kriterium in einzelnen Situationen zu konkretisieren. Man wird gemeinsam versuchen müssen, den anthropologischen Status dieser Situationen - also den des fötalen Stadiums oder der Endphase des Lebens - zu definieren, um die positive oder negative ethische Qualität von Manipulationen in diesem Bereich zu ermitteln. Ich bin einverstanden, daß solche Manipulationen nicht als Mord definiert werden, sie sollen aber auch nicht dem Ziehen eines Zahnes gleichgesetzt werden. Die Qualität und die Tiefe dieser Eingriffe muß versuchsweise gemeinsam definiert werden. Für den Ethiker, der eine theologische Referenz besitzt, kommt beim Versuch des Definierens eine weitere *Einschränkung der Beliebigkeit* hinzu. Bei jedem offenen Mitsuchen weiß der Theologe, daß Gott die Gestalt des leidenden unschuldigen Gerechten angenommen hat und dies wiederum ethische Relevanz besitzt.
Nach der Darstellung dieses zweiten Beispiels komme ich nun abschließend zu einigen Überlegungen zur ethischen Tragweite der *zweiten biologischen Revolution,* mit der wir heute konfrontiert werden. Mit dem Ausdruck "zweite biologische Revolution" meine ich diejenige, die durch die Möglichkeit der Manipulation des genetischen Erbes unserer Species "homo sapiens" eröffnet worden ist.
Diese neue Möglichkeit, die der Mensch sich gegeben hat, ist nicht nur als intensivere Verlängerung der Handlungsmöglichkeiten, die mit der bisherigen medizinischen Kunst gegeben waren, zu betrachten. Wir stehen in der Tat vor einer qualitativ anders gelagerten ethischen Problematik. Auch die gedanklichen Instrumente, die wir hier benutzt haben, um die "traditionellen" ethischen Probleme der Medizin zu durchleuchten, scheinen nicht mehr tauglich zu sein. Der Rückgriff auf die Grundvorstellung, was Medizin sei, was ihr Ziel sei und mit welchen Wissenschaftsidealen sie operiere, reicht nicht mehr aus, um im Bereich der genetischen Manipulation zwischen Gut und Böse unterscheiden zu können.
Vor einer solchen radikalen Herausforderung rufen viele Menschen, auch viele Ethiker, nach der "konservativen" Maxime des *Überlebens der Species in ihrem bisher erreichten Evolutionszustand.* Einen besonderen Stellenwert bekommt diese Maxime heute durch die Tatsache, daß die Selbstgefährdung des Menschen durch die von ihm erzeugten Zerstörungsprodukte aller Art die Voraussetzung seines eigenen Überlebens radikal in Frage stellt. Die Wahrnehmung dieser Grenzsi-

tuation, in der sich die heutige Menschheit befindet, sollte uns aber nicht zu weiteren pessimistischen Überlegungen führen, sondern eher unseren Blick für das Wesentliche und das Spezifische in den Wandlungen und Evolutionen des menschlichen Geschlechts schärfen.
Die gleichzeitige Benennung der Stichworte "Überleben" und "Ethik" will Ausdruck einer Grundeinstellung sein, welche sowohl Gesellschaftsmetaphysik als auch Szientismus vermeiden will. Mit Gesellschaftsmetaphysik meine ich eine Grundhaltung, die dogmatisch und apriori eine normative wesenhafte Definition des Menschen und der Gesellschaft postuliert, aus der dann direkt unveränderbare ethische Imperative abzuleiten sind. Eine solche Grundhaltung verkennt die Geschichtlichkeit menschlicher Existenz, welche sich immer mit anderen Gestalten in der Zeit und innerhalb eines Raumes verkörpert und verwirklicht. Überleben und Ethik stehen in der Perspektive dieser Gesellschaftsmetaphysik in einem Abhängigkeitsverhältnis. Das Überleben muß sich der Objektivität des Ethischen beugen. Die Normativität des Ethischen ist dem Menschen ein für allemal gegeben, und ihm sind dabei gestalterische und verändernde Möglichkeiten entzogen. Für denjenigen, der konsequent gesellschaftsmetaphysisch denkt, ist die Frage nach einem Zusammenhang zwischen dem Weiterbestehen der menschlichen Zivilisation(en) und den vom Menschen selbst entwikkelten normativen Instanzen eine müßige und eine gefährliche Frage zugleich.
Müßig ist die Frage nach diesem Zusammenhang, weil er durch das Primat des Ethischen schon gelöst ist; gefährlich ist sie, weil dadurch eine bestehende Sicherheit in Frage gestellt wird.
Es besteht aber die andere Gefahr, normative Konflikte, welche in Zusammenhang mit Überlebensstrategien entstehen, mit der mechanischen Anwendung von Denkmustern, welche aus den Naturwissenschaften abgeleitet werden, lösen zu wollen. Diese szientistische Wahrnehmung des Ethischen möchte mit Rekurs auf die reine Empirie definieren, worin sich die ethische Qualität des Spielraums des Menschen befindet und woran sie sich entscheidet.
Jenseits dieser Alternativen sind wir aufgerufen, einen kritischen, mittleren Weg zu suchen. Bei der Schwierigkeit jeglicher Güterabwägung weiß der Christ, daß der Leidende Vorrecht hat und daß Vollkommenheit vom Menschen her nicht zu bewerkstelligen ist. Seine Allmachtsträume und Allmachtsinteressen werden durch diese theologische Perspektive radikal in Frage gestellt. Gleichzeitig wird aber dem Christen auch durch die Befreiung der Frohbotschaft die Angst vor seinem verantwortlichen Handeln weggenommen.

V. ETHISCHE ÜBERLEGUNGEN ZUM PROBLEMKREIS IN-VITRO-FERTILISATION UND EMBRYO-TRANSFER

Die Erwartungen, welche die öffentliche Meinung an eine/n Ethiker/in in bezug auf die Konflikte und Probleme der neuen Reproduktionstechniken* stellt, können sehr verschieden sein. Manche Leute werden vom ihm/ihr verlangen, daß er/sie präzise Normen in dem Bereich, von dem hier die Rede ist, nicht nur vertritt, sondern auch begründet, und dies mit Argumentationen, welche ohne große Mühe nachvollziehbar sein sollten.

Die Ethik macht aber in diesem Bereich nur ihre ersten Schritte, und es wäre verfehlt, hier von einer ethischen Reflexion fixfertige und definitive Rezepte zu verlangen. Man kann in der Tat feststellen, daß die ethische Begründungsarbeit sich erst nach gemachten Erfahrungen in der Praxis meldet und ihre ersten Resultate vorschlagen kann. Man sagt sogar, und dies richtigerweise, daß Ethik und Recht im Vergleich zur Wirklichkeit immer im nachhinein wirken. Diese Art Verspätung ist strukturell bedingt und sollte weder zu vorschnellen kollektiven Schuldkomplexen noch zur Gleichgültigkeit der Faktizität gegenüber führen. Die adäquate Einstellung, welche ich hier verteidigen möchte, ist diejenige, welche das Bewußtstein stärkt, daß wir alle dazu aufgerufen sind, *in der Zeit* ethisch zu denken und zu handeln. Wir sitzen im *fahrenden Zug* der Geschichte, mit allen ihren Vorläufigkeiten und unvollkommenen Provisorien, und müssen versuchen, den Gang des Geschichtszuges ethisch zu beeinflussen.

Im Bereich der neuen Reproduktionstechniken ist dieser Zug seit einiger Zeit schon abgefahren, und es ist eine erste Pflicht derjenigen, welche diese Techniken eingeführt haben, Rechenschaft über die ethische Korrektheit ihrer Praxis und ihre Gründe abzulegen. Dies ist in unserem Land bereits mit den bekannten *Richtlinien der Akademie der medizinischen Wissenschaften*[1] geschehen, auch wenn dieser Konsens

---

* Dieser Aufsatz wurde zuerst in der Schweizerischen Kirchenzeitung 155 (1987) 66-69, veröffentlicht.

1 Vgl. eine erste Fassung in: Schweizerische Ärzte-Zeitung 65 (1984) 1502-1503; die überarbeitete Fassung in: Schweizerische Ärzte-Zeitung 66 (1985) 1127-1128. Zur Regelung in der BRD vgl. die Richtlinien in: Deutsches Ärzteblatt 82 (1985) 1690-1698. Eine umfangreiche rechtsvergleichende Information bietet: *Künstliche Fortpflanzung, Genetik und Recht.* Hrsg. vom Schweizerischen Institut für Rechtsvergleichung in Zusammenarbeit

unter Spezialisten vielen Bürger/innen als ungenügend erscheint und nach einer staatlichen Gesetzgebung ruft. Die sogenannte *Beobachter-Initiative*[2] ist ein Versuch der öffentlichen Konsensgestaltung und -begründung in diesem Bereich.
Bevor ich eine ethische Gesamtbewertung dieser Techniken unternehme, scheint es mir wichtig, sich zuerst den ethischen Konflikten der neuen Reproduktionstechniken mittels einer *beschreibenden Phänomenologie* dieser Praktiken zu nähern. Diese Phänomenologie ersetzt die spezifisch ethisch-normative Reflexion nicht, macht sie aber wirklichkeitsnäher und weniger ideologieanfälllig.

1. Ein vieldeutiges Umfeld

Die relativ spärliche soziologische Literatur zu dieser Problematik[3] zeigt zuerst einmal, daß sowohl die Praktiken der AIH und AID wie auch die *In-vitro-Fertilisation (IVF)* in den letzten Jahren gesellschaftlich *"sichtbarer"* geworden sind. Damit ist gemeint, daß die Diskussion um diese Probleme die Fachgespräche zwischen Experten verlassen und die durch die modernen Medien beeinflußte breite Masse erreicht hat. Diese soziale Sichtbarkeit erlaubt auch dem/der Ethiker/in, präzisere Aussagen als vorher zur Werteinschätzung und zum Wertwandel in diesem Bereich zu machen. Was man dabei vor allem beobachten kann, ist die Intensivierung einer paradoxen Situation:

- Einerseits hat die Gebundenheit des Menschen sowie sein Ausgeliefertsein an biologische Ereignisse stark abgenommen (so werden Kinder aus der Dritten Welt bei uns adoptiert, und die Geburtenregelung ist allgemein verbreitet).

---

mit der Schweizerischen Akademie der medizinischen Wissenschaften. Zürich 1986. Zur rechtlichen Debatte in der BRD vgl. Laufs, A.: *Die künstliche Befruchtung beim Menschen. Zulässigkeit und zivilrechtliche Folgen,* in: Juristen-Zeitung 41 (1986) 769-777.

2 Vgl. Text der Initiative und Dokumentation in: Der Beobachter 1985, Nr. 20, 16-17.

3 Vgl. Isambert, F.: *Nouvelles parentés. Point de vue d'un sociologue,* in: Génétique, procréation et droit. Arles 1985, 285-305; Novaes, S.: *La procréation par insémination artificielle: vers une analyse de la dynamique sociale,* in: Information sur les sciences sociales 22 (1983) 139-148. Außerdem vgl. auch Daele, W. van den: *Technische Dynamik und gesellschaftliche Moral. Zur soziologischen Bedeutung der Gentechnologie,* in: Soziale Welt 37 (1986) 149-172.

- Andererseits werden einige soziale Phänomene wie Vaterschaft und Mutterschaft weiterhin in ihrer biologischen Verankerung definiert und bewertet (obwohl das Adoptionsrecht hier wichtige Schranken stellt).

Die neuen Reproduktionstechniken, welche die engen Grenzen des biologisch Gegebenen zu überwinden versuchen, verlangen von den gesellschaftsregulierenden Instanzen wie Recht, Politik, Moral und Religion neue Parameter und Definitionen für die Bewertung und rechtliche Organisation der Errungenschaften in diesem Bereich. In der Regel widerstehen Recht und Politik diesen Anforderungen und berufen sich auf ethischen Grundnormen, welche es absolut zu respektieren gilt.
Die ethische Reflexion ihrerseits stellt fest, daß es ihr ohne Einführung eines neuen Instrumentariums von Kategorien und Kriterien nicht leichtfällt, die Konflikte dieses Lebensbereiches zu bewältigen. Jede Instanz kommt ans Ende der eigenen Weisheit und ruft die anderen zu Hilfe. Somit ist aber jede Disziplin überfordert, und der Ruf nach interdisziplinärer Zusammenarbeit (ohne daß man klar weiß, was damit gemeint ist) wird immer lauter.
Über diese Paradoxie der Überforderung hinaus kann man, immer im Rahmen einer phänomenologischen Wahrnehmung der anstehenden Probleme, einen radikalen Wandel im (Vor-)Verständnis der Medizin feststellen. Krankheit und Therapie werden nicht mehr im ausschließlichen Zusammenhang mit einer Strategie der Leidensminimierung wahrgenommen. Der Arzt fragt in erste Linie nicht mehr: *"Wo und wie leiden Sie?"*, sondern: *"Was wünschen Sie von mir?"* Die neuen Reproduktionstechniken, obwohl sie sicherlich auch aus einem Willen zur Leidensüberwindung entstanden sind, gehorchen eher der Logik einer *Médécine du désir* als dem klassischen Verständnis von Krankheit, Diagnose und Therapie. Die gesellschaftlichen Auswirkungen der neuen Techniken sind, so wie die Revolution im Verständnis der Rolle des Arztes, nicht eindeutig festzulegen und zu interpretieren.
Dies sei anhand einer beispielhaften Konkretisierung gezeigt. Wie verhalten sich die neuen Techniken in bezug auf die *Institution Familie*? Man kann dabei zweierlei beobachten.

- Durch die partielle Erfüllung des sonst nicht anders realisierbaren Kinderwunsches zementieren zweifellos die neuen Fertilisationsmöglichkeiten die familiäre Institution in ihrer biologischen Kompaktheit.

- Andererseits führen diese Praktiken durch die Potenzierung von heteronomen Momenten (Trennung zwischen Koitus und Befruchtung, zwischen der biologischen und der sozialen Vaterschaft in der AID) Elemente der Desintegration in das Leben der Familie ein.

Obwohl nur ein Teil der jungen Familien durch solche medizinische Maßnahmen direkt betroffen ist, sind letztere für das allgemeine Schicksal der Familienstruktur und für ihre ethische Wahrnehmung in der sogenannten öffentlichen Meinung von tragender Bedeutung. In diesem Sinne betrifft das Problem der neuen Fertilisations- und Reproduktionstechniken politisch und ethisch alle.
Eine *sozialpsychologische Phänomenologie* der heutigen Formen des Kinderwunsches in den postindustrialisierten Gesellschaften[4] zeigt die Polyvalenz und die Zweideutigkeit dieses Sachverhaltes. Das Kind scheint einerseits alle Wünsche der Eltern in konzentrierter Weise erfüllen zu können bzw. zu müssen, andererseits stellt die Gesellschaft keine Erleichterungsstrukturen für diese Erfüllung zur Verfügung (siehe z.B. das politische Schicksal der sog. *Mutterschaftsversicherung*).
Was hat dies in ethischer Hinsicht zu bedeuten? Die Frage ist nicht leicht zu beantworten.

- Unabhängig davon, was über die verschiedenen Bedeutungen des Kinderwunsches gesagt werden kann, läßt sich daraus direkt überhaupt kein ethischer Imperativ und keine Gesetzgebung ableiten.

- Andererseits muß man aber den phänomenologisch oben geschilderten Momenten Rechnung tragen, wenn man zu einer ethisch begründeten Stellungnahme oder mindestens zu einer Bewertung eines Vorstoßes in dieser Materie kommen will.

Eine angemessene Anwort soll sich hier in zwei Etappen artikulieren:

- In einem ersten Moment geht es um die ethische Bewertung der gesetzgeberischen und politischen Strategien in diesem Bereich.

---

[4] Zu dieser Problematik vgl. vor allem Pasini, W.: *Désir d'enfant et contraception*. Paris 1974; Boyman, E.: *De l'enfantement: les vicissitudes d'une notion primordiale*, in: Cahiers internationaux de sociologie 77 (1984) 303-321.

Hier werden die neuen Reproduktionstechniken nur in ihrer rechtsethischen Regulierbarkeit eingeschätzt und bewertet.

- Erst in einer zweiten Phase soll die Stichhaltigkeit der vorgebrachten ethischen Argumente in deren grundsätzlicher Legitimität analysiert werden.

Sicherlich sind beide Momente innerlich so verbunden, daß eine völlig separate Behandlung ihrer ethischen Implikationen nicht möglich wäre.

2. *Rechtliche und politische Strategien*

Hier kann man zuerst festellen, daß ein breiter Konsens über die prinzipielle Notwendigkeit, diese ganze Materie rechtlich zu fassen und zu regeln, vorhanden ist. Dieser Konsens ist aber so allgemein und formal, daß man darauf keine konkrete politische Strategie aufbauen kann.
Auf dem Weg zur Bewältigung dieser Schwierigkeit ist ein erster Problemkomplex durch die Internationalität der technisch-medizinischen Praxis versus nationalen Gesetzgebungen gegeben. Schon heute sind diesbezüglich Phänomene eines *Fertilisationstourismus* zu beobachten, und dies ruft nach einer internationalen Grundregulierung der ganzen Materie.[5] Das ist mittelfristig möglich, wenn schon jetzt eine gesetzgeberische Vorharmonisierung[6] angestrebt wird. Deren wesentliche Voraussetzung ist eine ethisch-politische Konvergenz über die Grundziele der neuen Reproduktionstechniken und über die Kriterien ihrer partiellen Zulassung. Mit anderen Worten gehört die ethische Diskussion über die Kriterien einer sittlichen Entscheidung in diesem Bereich wesentlich zur Strategie der rechtlichen Positivierung der vorgegebenen Alternativen.
Die bisherige ethische Reflexion kann an dieser Stelle noch keine ausgearbeitete Kriteriologie vorlegen.[7] Sie kann aber vor der Beschreitung von Holzwegen warnen. Einige davon möchte ich hier nur erwähnen, da sie auf eine Verfeinerung und Vertiefung noch warten.

---

5 Vgl. hierzu Widmer, P.: *Les perspectives législatives, en particulier vues du Conseil de l'Europe,* in: Künstliche Fortpflanzung, Genetik und Recht, a.a.O. 211-220.

6 Widmer spricht (a.a.O. 215) von *pré-harmonisation législative*.

7 Vgl. als erste explizite Ausarbeitung: Higuera, G.: *Aportacion ética a la tarea del legislator positivo en materia de fecundacion asistida,* in: Estudios eclesiasticos 61 (1986) 219-228.

- Eine erste Gefahr (ethisch gesehen) auf der Suche nach der *lege ferenda* ist, die Problematik *ausschließlich* als privatrechtliches Problem behandeln zu wollen. Ohne in einen vorschnellen Moralismus zu verfallen, muß man doch anerkennen, daß die Regulierung von Fortpflanzungstechniken, die gravierende gesellschaftliche Folgen aufweisen, nicht nur als private Angelegenheit betrachtet werden kann, sondern als ein Problem, welches die Allgemeinheit angeht und infolgedessen einer öffentlich-rechtlichen Normierung bedarf.

- Die neuen Reproduktionstechniken bewirken eine Reihe von Problemen, welche nicht nur in einem einzigen Gesetz verankert werden können, sondern in verschiedenen Gebieten der Gesetzgebung behandelt und bewältigt werden müssen. Dies bedeutet, daß sich die Gesetzgebung in einem fast dauerhaften Provisorium befinden wird und daß die auftauchenden Probleme nur sukzessive behandelt und bewältigt werden können. Diese Situation soll uns nicht ethisch verunsichern (in der Tat geht es der ethischen Reflexion nicht anders), sondern uns ermuntern, Detailprobleme mit institutionalisierter Grundlagenreflexion ständig zu begleiten.

- Eine weitere ethische Gefahr in der Suche nach einer angemessenen Gesetzgebung im Bereich der neuen Reproduktionstechniken ist die der vorschnellen Delegierung der *Definitionsmacht*[8] an die sogenannten Experten. Ich will nicht leugnen, daß jene hier Entscheidendes (wie etwa die Nennung der Ziele ihrer Forschungen oder die subjektive Einschätzung der damit verbundenen Folgen) beizutragen haben. Was hier zu meiden gilt, ist vor allem die Versuchung der *auschließlichen Selbstregulierung* der betroffenen Materie.[9]

---

8 Mit diesem Stichwort bezeichne ich die Fähigkeit von bestimmten gesellschaftlichen Gruppierungen, wirkungsvoll Definitionen von Problemkomplexen von der öffentlichen Meinung akzeptieren und verinnerlichen zu lassen. Zur Ausübung dieser Definitionsmacht vgl. Snowden, R. - Mitchell, G.D.: *Artificial Family. A consideration of artificial insemination by donor.* London 1981.

9 Ich glaube nicht, daß die schon erwähnten *Richtlinien* einer Logik der ausschließlichen Selbstregulierung der Vertreter/innen der betroffenen naturwissenschftlichen Disziplinen gehorchen. Ich möchte aber bemerken, daß die Richtlinien, obwohl sie in einem "humanistisch-ethischen Ansatz" wurzeln, noch nicht dem berechtigten gesellschaftlichen

- Unter einem ganz anderen Vorzeichen artikuliert sich eine andere Tendenz nach der Suche einer optimalen Gesetzgebung. Hier wird versucht, durch *Positionspolitik* eine argumentierende *Diskurspolitik* zu ersetzen. Ausgehend von vagen Abwehrgefühlen in der öffentlichen Meinung, wird hier versucht, einen schnellen Konsens für absolute Verbote zu gewinnen. Dabei passieren oft *Trugschlüsse,* welche sowohl für die ethische als auch für die politische Wertübereinstimmung nachteilig sind.[10]

Ob nun z.B. die sog. *Beobachter-Initiative* dieser Strategie einer bekenntnishaften Politik folgt oder nicht, läßt sich hier noch nicht entscheiden. Wichtig ist, daß man feststellen kann, daß eine künftige Gesetzgebung einer argumentierenden ethischen Reflexion genügen muß und infolgedessen sich nicht nur mit dogmatischen Positionen begnügen kann.

3. Einige ethische Argumentationsmuster

Wenn man rein äußerlich die Veröffentlichungen[11] zu unserem Problemkomplex ohne Vorurteile beobachtet, wird man leicht feststellen, daß die Problematik bis vor einigen Jahren fast ausschließlich die Ver-

---

Bedürfnis nach einer stärkeren Verbindlichkeit genügen können. Zu einer ethischen Bewertung der schweizerischen Richtlinien, welche aber die Frage einer weiteren rechtlichen Strategie noch offenläßt, vgl. Furger, F.: *Probleme um die Befruchtung im Glas statt im Mutterleib,* in: NZZ 28/29.9.1985, 37. Der Verf. ist Mitglied eines Expertengremiums zum Problem beim Europarat.

10 Vgl. nur als Veranschaulichung meine Überlegungen zum Text der Initiative *Recht auf Leben:* Bondolfi, A.: *Ethische Bemerkungen zu "Recht auf Leben",* in: Schweizerische Kirchenzeitung 153 (1985) 369-370.

11 Diese sind immens und können hier kaum erwähnt werden. Ich zitiere nur die Beiträge, welche ich direkt für meine Stellungnahme benützt habe. Vgl. *La fertilizzazione in vitro.* Hrsg. von S. Privitera. Palermo 1985. *L'insémination artificielle.* Genève 1982. *Extrakorporale Befruchtung - Embryotransfer* (= Arzt und Christ 30 [1984] Nr. 4). Institut für Sozialethik des SEK: *Ethische Überlegungen zur In-Vitro-Befruchtung.* Bern 1985 (= Texte ISE 6/1985). Unter Einzelautoren vgl. Demmer, K.: *Ein Kind um jeden Preis?,* in: Trierer Theologische Zeitschrift 94 (1985) 223-243; Verspieren, P.: *Moralité de l'insémination artificielle,* in: Etudes 363 (1985) 485-498; Weber, H.: *Zum Urteil über die In-Vitro-Befruchtung. Wie in dieser Frage angemessen argumentieren?,* in: Trierer Theologische Zeitschrift 95 (1986) 218-226.

treter (von Vertreterinnen kann noch kaum die Rede sein) der *theologischen Ethik* (aller Konfessionen) interessiert hat. Erst in letzter Zeit haben sich auch Philosophen[12] und Vertreter anderer Disziplinen zu Wort gemeldet. Die Grundargumente, welche die Vertreter/innen der einzelnen Disziplinen mit jeweils eigenen Färbungen vorbringen, können hier nicht in ihrer Vollständigkeit systematisch vorgebracht und bewertet werden. Ich werde mich begnügen, einige davon zu erwähnen und ihre Tragfähigkeit bzw. -unfähigkeit grob zu skizzieren.

- Ein erster Holzweg in diesem Bereich wäre eingeschlagen, wenn man sich mit der Berufung auf einen deontologischen Moralkodex für Ärzte begnügen würde. In der Tat ist eine solche Berufsethik innerlich mit vordefinierten Rollen des Arztes und der Patienten verbunden und kann nicht automatisch an völlig neue Situationen, welche für das Verständnis der Medizin und Therapie eine qualitativ neue Herausforderung darstellen, angepaßt werden. Denken wir nur, um das Problem zu veranschaulichen, an konkrete traditionelle Pflichten des Arztes wie etwa die Geheimhaltung nach außen, und wir werden sofort merken, daß diese Pflicht im Falle einer AID oder In-vitro-Insemination eine andere Relevanz und ethische Dringlichkeit aufweist.

- Eine zweite Sackgasse, welche aber mindestens in der klassischen katholischen Moraltheologie der vierziger und fünfziger Jahre noch eingeschlagen wurde,[13] ist durch die ethischen Argu-

---

12 Vgl. Kluxen, W.: *Fortpflanzungstechnologien und Menschenwürde*, in: Allgemeine Zeitschrift für Philosophie 11 (1986) 1-15; Jonas, H.: *Technik, Medizin und Ethik*. Frankfurt/M. 1985; Löw, R.: *Leben aus dem Labor*. München 1985; *Die Verführung durch das Machbare*. Hrsg. von P. Koslowski u.a., Stuttgart 1983; Daele, W. van den: *Mensch nach Maß?* München 1985. Eine Übersicht über die bioethischen Forschungsrichtungen in den USA gibt Höffe, O.: *Sittlich-politische Diskurse. Philosophische Grundlagen, Politische Ethik, Biomedizinische Ethik*. Frankfurt/M. 1981.

13 Vgl. die Stellungnahmen von Pius XII in: Utz, A.F. - Groner, J.F.: *Soziale Summe Pius XII*. Freiburg i. Ue. 1961, 3 Bde., hier Bd. 3, Nr. 4725-4730, 5447-5448. Zur früheren moraltheologischen Diskussion vgl. Guzzetti, G.B.: *La fecondazione artificiale nelle ultime pubblicazioni cattoliche*, in: La scuola cattolica 78 (1950) 192-208. Zu neueren offiziellen Stellungnahmen in der katholischen Kirche vgl. Ders.: *Magistero della Chiesa e fecondazione in vitro*, in: La scuola cattolica 113 (1985). Guzzetti hat eine Argumentation, welche ausschließlich auf das *Wesen der Ehe* rekurriert, hinterfragt in: *Debolezza degli argomenti contro l'embryo-transfer*, in: Rivista di teologia morale 17 (1985) 71-79.

mente, die auf das *Wesen der Ehe* und des nur dort sittlich zu vollziehenden Geschlechtsakts rekurrieren, gegeben. Hier wird eine Argumentation vertreten, die, abgesehen von ihrer geringen Konsensfähigkeit, auch spezifisch ethische Schwächen aufweist. Es ist in der Tat methodologisch unzulässig, einen Imperativ unmittelbar aus einer *Wesensdefinition* ableiten zu wollen. Wer dies tut, fällt in den sogenannten *naturalistischen Fehlschluß*. Darüber hinaus würde diese Argumentation nur ein totales Verbot in jedem denkbaren Fall legitimieren müssen, ohne zu einer differenzierten Beurteilung von verschiedenen Situationen kommen zu können. Aus einer Metaphysik der Ehe und des Koitus läßt sich also keine artikulierte Bewältigung unserer Problematik gewinnen.

Der gangbare Weg soll also über ethisch motivierte und begründete *Güterabwägungen* und nicht über absolute Verbote führen. Dabei sollten Lösungen angestrebt werden, welche bestimmten Grundbedingungen genügen. Hier nenne ich einige davon:

- Teilaspekte der Probleme, welche im Zusammenhang mit den Reproduktionstechniken auftauchen, sollen ethisch begründete Teilantworten erhalten.[14]

- Einzelne Akteure, die bei den neuen Technologien am Werke sind, erhalten Teilverantwortungen, denen sie sich nicht entziehen können. Andererseits läßt sich dadurch die Gesamtverantwortung nicht auf einzelne Akteure (Ärzte, Krankenkassen, betroffene Paare usw.) konzentrieren.

- Eine ethische Gesamtbewertung dieser Techniken im Rahmen der möglichen Prioritäten in der naturwissenschaftlichen Grundlageforschung ist ebenso unerläßlich.

- Die rechtlichen und politischen Aspekte und Folgeprobleme dieser Technologien sollen auch ethisch mitbedacht werden.

Was bedeutet nun das alles für die konkreten Probleme, nämlich für die In-vitro-Fertilisation und den Embryo-Transfer?

---

14 Nach dem scholastischen Motto: "*dividendo et componendo cognoscitur.*"

Ich möchte gern meine vorläufige Position in einer Art Grundthese zusammenfassen:

> Was die IVF angeht, meine ich, daß das Recht auf biologische Fertilität nur partiell gefordert werden darf. Da die biologische Infertilität nicht als eine Krankheit im vollen Sinne des Wortes definiert werden kann, kann daraus auch nicht ein unbeschränktes Recht auf IVF abgeleitet werden. Es kann höchstens von einem *legitimen Interesse* die Rede sein. Die Ärzte ihrerseits haben das Recht und die Pflicht, die Infertilität wirkungsvoll zu bekämpfen. Dies hat aber im Rahmen einer Gesamtstrategie zu geschehen, welche nicht nur daran denkt, so viele subjektive Wünsche kinderloser Paaren wie möglich zu erfüllen, sondern in erster Linie dahin tendiert, die Ursachen der Infertilität präventiv zu bekämpfen. Aus diesen Überlegungen entsteht noch keine ausgearbeitete rechtlich-politische Position, wohl aber doch eine *ethische Präferenz* für die Regulierungen, welche die IVF nur unter *klar definierter Indikation* zulassen.

Was den Embryotransfer angeht, bin ich der Meinung, daß hier die sich anmeldenden ethischen Probleme auch ohne restlos sichere Entscheidung über den *ontologischen Status des Embryos*[15] sich lösen lassen (müssen). Ohne den vollpersonalen Charakter des Embryos behaupten zu wollen, läßt sich doch sagen, daß seine (biologisch gesehen) *"humane Qualität"* ausreicht, um eine rein instrumentelle Benützung desselben zu verpönen und nur die Handlungen zuzulassen, welche notwendig sind, um eine IVF wirkungsvoll zu Ende zu führen.
Diese punktuellen Äußerungen reichen aber noch nicht aus, die globale ethische Brisanz dieses ganzen Bereiches zu bezeichnen. Eine ethische Gesamtbewertung soll auch noch von anderen Überlegungen und Feststellungen ausgehen.

---

15 Vgl. zu diesem komplexen Problem Thévoz, J.M.: *Un statut moral pour l'embryon?*, in: Le Supplément (1985) 113-124.

- Die ethische Dringlichkeit der neuen Reproduktionstechniken wird sofort sichtbar, wenn man bedenkt, daß die vorhandenen personellen, wissenschaftlichen, räumlichen und finanziellen Ressourcen für die Gesundheit begrenzt sind. Diese Ressourcen sind nicht beliebig teilbar, sondern nur unter Berücksichtigung der Kriterien einer gerechten Verteilung. In dieser *wirtschaftsethischen Perspektive* erhalten IVF und andere neueren Möglichkeiten eine nur sehr partielle Berechtigung. Andere, viel dringendere Gesundheitsbedürfnisse müssen zuerst gestillt werden, da sie direkter mit Grundrechten jedes Menschen zu tun haben. (Man nennt diese Probleme *Makroallokationsprobleme*.)

- Probleme der Gerechtigkeit tauchen auch in individualethischer Perspektive auf. Da die neuen Reproduktionstechniken mit langen *Wartelisten* verbunden sind, meldet sich sofort die ethische Frage nach den *Zulassungskriterien*. (Hier finden wir die *Mikroallokationsdimension* des Problems.) Diese werden heute eher pragmatisch beantwortet, brauchen aber eine differenziertere Lösung.[16]

- Eine weitere ethische Dimension der Problematik wird sichtbar, wenn man das Ganze aus der Perspektive der Frau betrachtet.[17] Es darf hier mindestens daran gezweifelt werden, daß die neuen Bedingungen, unter denen Mutterschaft entsteht, unbedingt einen Beitrag zur Entfaltung der Würde und der Rechte der Frau darstellen.

---

16 Vgl. dazu Terborgh-Dupuis, H.M.: *IVF-Individual Desires and social Obligations*, in: Societas ethica, a.a.O. 47-63.

17 Diese Art, über ethische Probleme nachzudenken, steckt in den Anfängen, rückt aber zunehmend ins Zentrum der ethischen Diskussion. Vgl. dazu Prætorius, I.: *Biotechnologien und Ethik - Fünf Thesen*, in: Frauen gegen Gentechnik und Reproduktionstechnik. Köln 1985 (= Beiträge zur feministischen Theorie und Praxis). Zu Programm und Aufgaben einer solchen Ethik würden nach Prætorius folgende Problemkreise gehören: "der enge Zusammenhang zwischen weiblicher Selbstbestätigung und Mutterschaft, weibliche Normbiographie, Schwierigkeiten im Adoptionsrecht, patriarchale Überbewertung der Blutverwandschaft u.a.."

4. Was wäre nun politisch zu tun?

Ich will hier weder eine technisch-politische noch eine ethische Beurteilung eines konkreten politischen Vorstoßes, wie etwa der sogenannten *Beobachter-Initiative*, abgeben.
Bevor Positionen auf dieser Ebene bezogen werden, scheint es mir wichtiger, daß man über die ethische Relevanz von den je verschiedenen *gesetzgeberischen Strategien* nachdenkt. Was man hier auf europäischer Ebene beobachten kann, scheint mir so vielfältig und manchmal widerspruchsvoll, daß zuerst Einigkeit darüber erzielt werden muß, über das, was man erreichen will. Mit dem Stichwort *gesetzgeberische Vorharmonisierung*[18] ist die ethische Pflicht der "Berufspolitiker" schon skizziert. Sie besteht in erster Linie darin, auf parlamentarischer Ebene dafür zu sorgen, daß in diesem Bereich eine optimale Gesetzgebung zustande kommen kann. Die Verfassungsebene, auf der eine Initiative operieren muß, läßt wenig Spielraum für Detailbehandlungen zu und zwingt zu eine Bewältigung der konkreten Konflikte und Probleme allein mit der Hilfe von allgemeinen Grundsätzen.
In der politischen Arbeit sind sowohl Grundlagenreflexion wie Detailarbeit notwendig. Beide Anstrengungen sollen ohne sektiererische gegenseitige Verdammung, sondern argumentativ geschehen und durch echte Betroffenheit gekennzeichnet sein. Statt Positionen endgültig zu fixieren, gilt es heute, die *grundlegende Ambivalenz* der technologischen Möglichkeiten immer sensibler wahrzunehmen und konsequenterweise sich für eine gerechtere Familien- und Gesundheitspolitik, welche die Frau als Subjekt ernst nimmt, zu engagieren.

---

18 Vgl. den schon in Anm. 5 erwähnten Beitrag von P. Widmer.

VI. EINIGE STICHWORTE ZU DEN ETHISCHEN ASPEKTEN DER AIDS-KRANKHEIT

Die mannigfaltigen Probleme, die mit der Verbreitung der AIDS-Krankheit verbunden sind, weisen auch ethische Dimensionen auf. Dies scheint eine Selbstverständlichkeit zu sein. Wenn man sich aber näher über diese Aspekte unterhält, stellt man doch große Differenzen in ihrer Auflistung und Gewichtung und in der Methodologie der Bewertung fest. In diesem Sinne kann auch eine Intervention wie diese* ethisch nicht neutral sein. Der Verfasser wird versuchen, sich dieser grundsätzlichen Parteilichkeit nicht zu entziehen, aber die Argumente und die Methoden der Normenfindung so darzustellen, daß sie jeder Person zugänglich sein können.

1. AIDS und Sexualität

Das Phänomen AIDS wirft zunächst, wenn man die Emotionen zuerst zu Wort kommen läßt, *sexualethische Fragen* auf. Letztere wurden vor allem von den Medien diskutiert, und auch die Kirchen haben in ihren Stellungnahmen vorwiegend diese Dimension des Problems betont.[1] Diese Aufmerksamkeit für eine kritische Überprüfung unserer sexuellen Gewohnheiten ist verständlich und zum großen Teil auch berechtigt. Verständlich ist diese Aufmerksamkeit bzw. Neugierde, denn bei der Sexualität spielen Emotionen und tiefe Gesinnungen eine zu Recht zentrale Rolle.
Berechtigt ist sie, weil das Sexualleben als ein Sektor unserer Existenz auch einer bewußten ethischen Bewältigung bedarf.
Dies bedeutet aber nicht, daß die sexualethische Dimension des Problemkreises AIDS die wichtigste unter den ethischen Dimensionen sei. Andere Aspekte des Problems bedürfen *auch und vor allem* der ethischen Überlegung, und dies kann nach vollzogener Reflexion zu einer anderen Gewichtung der Aspekte führen.

---

* Eine erste Fassung dieses Textes ist in der Schweizerischen Kirchenzeitung 155 (1987) 428-430, erschienen.

1 Vgl. die Erklärung des Büros der Schweizer Bischofskonferenz, in: SKZ 155 (1987) 107-108, und die Erklärung des Vorstandes des SEK, in: Reformiertes Forum 1 (1987) 5.

2. AIDS ist eine Krankheit

Die moderne Medizin hat uns daran gewöhnt, in jeder Krankheit vor allem eine Reihe von, biologisch betrachtet, pathologischen Phänomenen zu sehen. Dies ist sicherlich korrekt, und es darf hinter eine solche wissenschaftliche Sicht nicht mehr zurückgegangen werden. Krankheit ist aber auch noch etwas mehr. Hier soll die Frage nach einem möglichen Verhältnis zwischen *Krankheit und Schuld* nicht von vornherein als impertinent abgetan, sondern kritisch und differenziert beantwortet werden.
Man soll sich zuerst hüten, das Verhältnis zwischen Theologie, Ethik und Medizin *"imperialistisch"* zu bestimmen. Wir können hier zwei Typen von Denkimperialismus - und beide sind in der Geschichte vorgekommen - beobachten.

- Die erste Gestalt ist die der Herrschaft der Theologie über die Medizin. In dieser *vorwissenschaftlichen Perspektive ist Medizin keine eigenständige* Disziplin und die Krankheit kein Phänomen der Natur, sondern beide sind Größen, welche man adäquat nur theologisch und ethisch fassen kann.
  Gegen eine solche ideologische Art, das Verhältnis zwischen Krankheit und Schuld zu sehen, kann die Theologie selbst positive Elemente aus der eigenen Tradition schöpfen und ins Feld führen. Vor allem die Botschaft Jesu selbst wehrt sich gegen eine Ideologie der Krankheit als direktem Ausdruck des strafenden Willens Gottes. Unter den vielen Begegnungen Jesu mit Kranken ist das Wunder des Blindgeborenen besonders aussagekräftig.

  > "Und Jesus ging vorüber und sah einen, der blind geboren war. Und seine Jünger fragten ihn und sprachen: Meister, wer hat gesündigt, dieser oder seine Eltern, daß er blind geboren wurde? Jesus antwortete: Es hat weder dieser gesündigt, noch seine Eltern, sondern es sollen die Werke Gottes offenbar werden an ihm."[2]

  Hier kann man klar nachvollziehen, wie nach Jesu Worten eine direkte Theologisierung der Frage nach dem Verhältnis zwischen Krankheit und Schuld selbst *theologisch illegitim* ist.

---

2 Joh 9, 3.

- Das obengenannte Verhältnis zwischen Krankheit und Schuld kann aber auch unter einem anderen Denkimperialismus stehen. Letzterer besteht darin, die Dimension Schuld bei Krankheitsverständnis und Krankheitswahrnehmung als impertinent zu deklarieren. Man ist hier der Überzeugung, daß die Denkmuster und Kategorien der Naturwissenschaften genügen, um einen adäquaten Begriff der Krankheit zu erarbeiten. Krankheit ist *nur* empirisch zu definieren und zu verstehen als Pathologie von organischen Funktionen, welche prinzipiell für alle Menschen gleich sind. Subjektive Zustände eines einzelnen kranken Menschen, zu denen man auch Schuldgefühle zählen kann, können eine Bedeutung und Relevanz für die konkrete klinische Beurteilung eines Patienten haben, weisen aber keine generalisierende Funktion auf.

Vor diesen Alternativen scheint es mir wichtig, einen reflektierten Mittelweg einzuschlagen, in dem zugegeben wird, daß in jeder Krankheitsvorstellung und -wahrnehmung sowohl Elemente aus der Physizität als auch Elemente aus der Psyche und aus der ethischen Grundbefindlichkeit des Menschen am Werke sind.

3. Gesellschaft und Infektionskrankheiten

AIDS ist eine Infektionskrankheit. Im Falle von Gesamtinterpretationen von Infektionskrankheiten, welche vor allem durch Sexualkontakte übertragen werden, ist eine besondere Vorsicht geboten. Wie Susan Sontag zu Recht behauptet:

> ."...nichts ist strafender, als einer Krankheit eine Bedeutung zu verleihen, da diese Bedeutung unausweichlich eine moralistische ist."[3]

Ich bin nicht sicher, daß wir Menschen prinzipiell so distanziert sein und jede Krankheit mit einer totalen und kühlen Wertfreiheit betrachten können. Wertungen (seien sie positive oder negative) sind immer am Werke. Hier möchte ich nur einige *verborgene und verdrängte ethische Dimensionen* der Krankheit AIDS erwähnen und kurz kommentieren:

---

3 Vgl. Sontag, S.: *Krankheit als Metapher*. München - Wien 1978, hier 62f.

- Bedrohliche Infektionskrankheiten, die direkt zum Tode führen, sind besonders geeignet, um *Trennungs-, Diskriminierungs- und Bannungsmechanismen* der Gesellschaft zu verstärken und zu legitimieren. Niemand möchte mit solchen Kranken oder mit besonders Gefährdeten (wie in unserem Fall die sogenannten "Test-Positiven") zu tun haben. Diese Einstellung ist ethisch *nur* in den Fällen zu verstehen und partiell zu rechtfertigen, in denen eine *direkte Infektionsgefahr* vorhanden ist. Wir wissen, daß bei AIDS diese direkte Gefahr *nur* beim ungeschützten Sexualverkehr oder bei der gemeinsamen Benützung einer unsterilisierten Spritze gegeben ist. Infolgedessen sind alle anderen Klassifikations- und Trennungsmechanismen und Maßnahmen im Zusammenhang mit AIDS-Kranken und/oder "Test-Positiven" ethisch gesehen ungerechtfertigt.

- Mögliche Beispiele von solchen ungerechtfertigten Diskriminierungen liegen schon auf der Hand: am Arbeitsplatz, bei der ausländischen Bevölkerung, bei Asylanten, bei Insassen/innen von Strafanstalten.
  Hier scheint es mir wichtig, daß man auch der Unterscheidung zwischen der *primären* und der *sekundären* Devianz Rechnung trägt. Erstere meint eine Beurteilung von bestimmten gesellschaftlichen Gruppierungen als bedrohlich für das Zusammenleben, und letztere ist die Tatsache, daß Primärdeviante sich nicht anders verstehen können, als sie eben von der Gesellschaft definiert werden. Es soll alles versucht werden, daß potentiell Kranke sich weiterhin als normale Menschen verstehen können und nicht a priori als Außenseiter. Nur eine starke Ich-Identität kann Verantwortungsgefühle gegenüber Dritten wahrnehmen und nachvollziehen.

- Eine mögliche, aber unnötige Diskriminierung von AIDS-Kranken könnte von besten Absichten ausgehen. Hier möchte man, zum Schutz und zum Solidaritätsaufbau mit und unter den Kranken, *AIDS-Zentren* aufbauen, um das Sterben von AIDS-Kranken besser zu begleiten. Dabei geschieht eine räumliche und gesellschaftliche Absonderung, welche mir medizinisch nicht unbedingt indiziert erscheint und gesellschaftlich die Verbannungsmechanismen nicht aufhebt. Ich gebe aber zu, daß das Problem der Begleitung besonders schwierig ist und daß das paramedizinische Personal sowohl psychologisch wie ethisch ausgebildet und motiviert werden muß.

1. Ethische Probleme der AIDS-Informationspolitik

Wenn Gesundheitsbehörden über eine Infektionskrankheit informieren, vermitteln sie nicht nur medizinische Informationen, sondern auch *Einstellungen,* welche durch die mögliche Verhaltensänderung auch *präventiv* wirken können. Im Fall AIDS werden korrekte Einstellungen nicht nur ein für alle Mal hervorgerufen, sondern kontinuierlich neu aktualisiert, damit *"neue Sitten"* verfestigt werden. Hier melden sich sofort die ersten ethischen Fragen, welche stark kontrovers bleiben.

- Hat der Staat das Recht, "Sitten" direkt gestalten zu helfen?

- Wenn ja, welche und unter welchen Bedingungen?

- Wie kann der Staat die Freiheit des einzelnen dabei bewahren und schützen?

Alle diese Fragen werden erst verständlich auf dem Hintergrund der Tatsache, daß der moderne Staat eben ein *"ausdifferenzierter Staat"* geworden ist. Er tritt nur auf verschiedenen Ebenen auf und orientiert sich deswegen an verschiedenen ethischen Normen und Kriterien, welche in den jeweils anderen Bereichen anders bewertet und hierarchisiert werden. Der "ausdifferenzierte Staat" tritt je anders in der Gesundheitspolitik, in der Medien- bzw. Bildungspolitik und im Bereich des Strafrechtes auf, um hier die drei Hauptbereiche, in denen es um AIDS gehen könnte, zu nennen. Diese Vielfalt der Präsenz und der Interventionen kann (muß nicht immer unbedingt) zu ethischen Konflikten führen. Einige davon seien hier genannt.

- In modernen Staaten wird die Wahl von Sexualpraktiken und die damit eventuell verbundenen Lebensstile als eine *"private Angelegenheit"* betrachtet. Die Staatsorgane intervenieren in diesem Bereich erst, wenn "dieses Verhalten einen anderen Menschen schädigt oder wenn er nicht in der Lage ist, in verantwortlicher Weise dazu Stellung zu nehmen; endlich soll jedermann davor bewahrt werden, von sexuellen Handlungen anderer Personen oder Darstellungen solcher Handlungen Kenntnis zu nehmen, wenn er dies nicht wünscht."[1] Die Verbreitungswege der AIDS-

---

[1] Vgl. Erläutender Bericht zu den Vorentwürfen der Expertenkommission für die Revision des Strafgesetzbuches. Bern 1981, hier 25. Zur Gesamtproblematik vgl. mein Beitrag *La*

Infektion zwingen die Gesundheitsbehörden zur umfassenden Information der Gesamtbevölkerung über (aus der Sicht der Epidemie) "gefährliche" Sexualpraktiken. Dabei können verschiedene ethische Kurzschlüsse nicht leicht vermieden werden.

- Einerseits betrachten Teile der Bevölkerung eine solche umfassende Information als eine für sie ethisch unzulässige Konfrontation mit Aspekten der Sexualität, welche sie nicht bejahen können. Darüber hinaus verstehen sie manchmal die Informationen und gesundheitspolitischen Empfehlungen als *Aufforderung*, sich entsprechend sexuell verhalten zu müssen.

- Andererseits betrachten die Gesundheitsbehörden eine umfassende Information über alle möglichen Infektionsquellen und -wege als unbedingt notwendig, um die Verbreitung der Epidemie mindestens zu verlangsamen und dann zu stoppen. Eine solche, für alle gleich lautende Informationspolitik kann indirekt schon *"sittenbildend"* (oder je nach Einstellung "unsittenbildend") wirken. Dieser Zustand sollte für die Erwachsenen keine besondere ethische Herausforderung darstellen. Jeder von uns sollte in der Lage sein, *konditionierte Vorzugsurteile* fällen zu können: "*Falls* ich sexuell so oder so handle, muß ich an die Folgen dieser Handlung für mich *und* für meine Partner(innen) denken und die gefährlichen Praktiken entweder meiden oder mich entsprechend schützen." Die sexualethische Frage soll also von der präventivethischen Frage *getrennt* beantwortet werden.

In dieser Perspektive ist der Staat für die Beantwortung von allgemeinen sexualethischen Fragen nicht kompetent und kann nur auf die Pluralität der vertretenen Meinungen hinweisen. Er kann und soll *indirekt* auf diesem Gebiet wirken, indem er in den eigenen Schulen eine offene Information und ethische Auseinandersetzung ermöglicht und fördert.

---

réforme du droit pénal en matière sexuelle, in: Studia philosophica 44(1985) 182-189.

2. AIDS und Präventionsverständnis

Da bis heute keine wirkungsvolle Therapie für AIDS bekannt ist, konzentriert sich die gesundheitspolitische Tätigkeit vor allem auf die Anwendung von Präventionsstrategien. Daß jene unerläßlich sind, ist inzwischen selbstverständlich geworden. Noch nicht einig ist sich aber die öffentliche Meinung über die konkrete Gestaltung dieser präventiven Strategien.

Muß, auch in ethischer Perspektive, angesichts der Dramatik der Epidemie die Bewahrung und Respektierung von ethischen Normen zugunsten von Individuen (wie etwa die strikte Handhabung des Arztgeheimnisses) den Zwangsmaßnahmen zugunsten der allgemeinen Gesundheit vorgezogen werden? So formuliert scheint die Fragestellung ausweglos zu sein. Man sollte sich eher fragen, ob die Alternative richtig gestellt ist und ob sie anders formuliert werden kann bzw. muß.

Auf der Suche nach einer differenzierteren Neuformulierung des Verhältnisses zwischen individuellen und kollektiven Ansprüchen in diesem Lebensbereich kann man zuerst feststellen, daß es keine a priori dogmatisch festgelegten Präventionsstrategien für jegliche Krankheit gibt. Jede Pathologie hat in der Tat eigene spezifische Ursachen und Äußerungen und verlangt spezifische Maßnahmen. So ist für bestimmte Krankheiten eine *Quarantäne der infizierten Personen* unerläßlich, da sich die Infektion durch Alltagsgewohnheiten (wie etwa gemeinsames Essen und Trinken) verbreitet. Hier wird das Selbstbestimmungsrecht des einzelnen zugunsten des Allgemeingutes eingeschränkt, da eine andere Entscheidung dem übergeordneten Ziel der allgemeinen Gesundheit wesentlich im Wege stehen würde. Die biologische Verfaßtheit der Epidemie leitet somit die Art der Güterabwägung.

Eine Präventionskampagne im AIDS-Fall muß hingegen den spezifischen Verbreitungsmechanismen *dieser* Infektion Rechnung tragen. Es ist heute allgemein bekannt, daß die einzigen Infektionswege der bekannten Immunitätsschwäche die des direkten Blut- und Spermakontaktes sind. Es ist also medizinisch (und *a fortiori* auch ethisch) nicht einsichtig, warum man Zwangsmaßnahmen einführen soll, welche mit diesen Verbreitungswegen nichts zu tun haben. Wenn also Prävention ohne Repression möglich und sogar effizienter ist, ist damit auch die Frage nach der ethisch fundierteren Präferenz erledigt.

Nun stellt sich aber eine weitere ethische Frage. Worin besteht eine präventive Haltung? Welche Verhaltensänderungen durch die gesunde Bevölkerung sind absolut notwendig, und wie sind sie ethisch einzuschätzen? Hier wäre eine aprioristische Antwort, welche zu allen möglichen Krankheiten passen würde, nicht adäquat. Es gibt eine Reihe

von pathologischen Zuständen, welche sich durch eine *"quasi mechanisierte"* Verhaltensänderung bekämpfen lassen. So sind z.B. Änderungen von Eß- und/oder Trinkgewohnheiten oder einfache hygienische Maßnahmen relativ leicht zu verbreiten, ohne unbedingt an das ethische Wertebewußtsein der betroffenen Bevölkerung appellieren zu müssen.
AIDS ist aber ein Immunmangelsyndrom, welches eine zentrale Dimension menschlicher Existenz tangiert, nämlich die Sexualität und ihre nicht nur mentale, sondern faktische Ausübung. Letztere läßt sich nicht wie andere Verhaltensäußerungen des Menschen einfach durch Verhaltenskonditionierung ändern, und dies nicht nur faktisch, sondern auch prinzipiell. Hier tut ethisch nicht nur *Verhaltens-*, sondern *Handlungs*-änderung not. Der begriffliche Unterschied zwischen *Verhalten* und *Handlung*, welcher hier nur erwähnt und nicht weiter vertieft wird, will nur signalisieren, daß die Bewußtseinsänderung, die hier eintreten soll, ethisch motiviert sein sollte. Auch die intelligenteste Präventionspolitik kann hier nur bedingt helfen. Ethische Einstellungen lassen sich per Definition nicht aufzwingen, auch nicht mit raffinierter Werbung suggerieren.
Eine Informationskampanie stellt somit nur einen Teil einer umfassenden Präventionspolitik dar. Letztere soll durch bewußte Reflexionsarbeit in der Schule und Erwachsenenbildung ergänzt werden. Andernfalls geschieht keine langfristige Bewußtseinsänderung, sondern nur eine kurzlebige Verhaltenskonditionierung, welche nicht einmal der voraussichtlichen Dauer der Epidemieentwicklung gewachsen ist.
In dieser Perspektive sollen mögliche Strafandrohungen im Bereich des sexuellen Verhaltens sozialethisch beurteilt werden. Ich schätze sie als negativ ein, und dies aus verschiedenen Gründen.

- Sie appellieren zuerst an eine *"niedrige"* ethische Argumentationsfähigkeit,[2] welche gesellschaftlich gefährlich ist, da sie dem Infizierten bzw. Kranken indirekt suggeriert, sich an der strafandrohenden Gesellschaft zu rächen. Was nützt hier zu behaupten, daß die Strafandrohungen durch den Staat prinzipiell berechtigt sind, wenn *die Folgen* ihrer Anwendung die Seuche noch mehr verbreiten, statt sie zu dämmen? Auch der Staat muß

---

2 Die Entwicklungspsychologen, welche die Stufen der ethischen Argumentationsfähigkeit klassifiziert haben, reden hier von *"Stufe 1"*, definiert als diejenige, in der "Handeln durch das Vermeiden von Strafe motiviert ist und das 'Gewissen' aus irrationaler Furcht vor Strafe besteht." Vgl. dazu Kohlberg, L.: *Zur kognitiven Entwicklung des Kindes*. Frankfurt/M. 1974.

ethisch an die Folgen der Anwendung des eigenen Rechtssystems denken und entsprechende Vorzugsurteile fällen.

- Darüber hinaus enthält eine sexuelle Verhaltensänderung, die unter Strafandrohung und/oder Angst und Zwang geschieht, keine ethische Substanz und Qualität. Sie lebt nur, solange die Infektionsgefahr lebensgefährlich bleibt. An dem Tag, an dem ein wirksamer Impfstoff oder wirksames Medikament gegen AIDS gefunden wird (was wir alle hoffen), fallen auch die bisher ins Feld geführten Argumente für sexuelle Enthaltsamkeit dahin.

An die Stelle von Strafandrohungen sollten argumentierte Wertvermittlungen treten. Diese sollten vor allem für folgende Dimensionen des Gesamtphänomens AIDS sensibilisieren:

- Es bestehen sicherlich Zusammenhänge verschiedener Art zwischen *Krankheit* und *Schuld.* Die Existenz dieser Zusammenhänge rechtfertigt aber nicht, beim Auftreten der Immunitätsschwäche oder bei einem positiven Testbefund direkte Schuldzuweisungen vorzunehmen.

- AIDS bringt eine weitere ethische Herausforderung mit sich. Da die zur Verfügung stehenden Mittel für die Prävention in der Welt sehr unterschiedlich verteilt sind, entstehen in der Bekämpfung dieser Krankheit berechtigte *Gerechtigkeitsfragen.* Reiche Länder haben somit Pflichten nicht nur gegenüber der eigenen Bevölkerung, sondern auch gegenüber der *"Dritten Welt."* In der Tat ist das *Recht auf Gesundheit* ein Grundrecht, das im Prinzip (mindestens bei lebensgefährlichen Krankheiten) nichts mit der finanziellen Solvenz der Betroffenen zu tun hat.

- Da eine "Randexistenz" die Epidemie nicht eindämmt, sondern eher begünstigt, gehört zu einer ethisch motivierten Präventionspolitik auch die Aufgabe, gesellschaftliche Integration zu fördern.

Alle diese Aspekte der Gesundheitspolitik sollten der Präventivmedizin als nicht so fremd erscheinen. Ist doch die Leidensminimierung (in allen ihren Dimensionen) die gemeinsame Aufgabe von Medizin und Ethik.

VIII. WAS IST GUT UND WAS IST RECHT? ETHISCHE VORSTELLUNGEN ZUM STERBEVORGANG IM WANDEL DER ZEIT

Die Thematik, welche man mir hier anvertraut hat,* ist sehr komplex und umfangreich. Da meine Möglichkeiten in verschiedener Hinsicht begrenzt sind, werde ich mich begnügen, nur einige Dimensionen der durch EXIT aufgeworfenen ethischen Probleme zu behandeln, ohne der Illusion zu verfallen, eine Gesamtbewertung der Problematik darlegen zu können. Meine Begrenzung hat auch eine weitere Dimension. Ich bin in der Tat bisher kaum persönlich mit konkreten Konflikten in diesem Bereich konfrontiert worden. Ein bißchen emotionale Distanz zum Problem kann für die ethische Reflexion aber auch nützlich sein.
Ich werde meine Ausführungen in drei Teile zu strukturieren versuchen. Dabei gehe ich von der Voraussetzung aus, daß der Prozeß des Sterbens die ideologischen und wertenden Züge annimmt, welche von den sozialen Grundeinstellungen gegenüber dem Tode einerseits und der Krankheit andererseits kommen.
Sterben stellt also eine Art *Knotenpunkt* dar, von dem aus man am besten die sozialen Mentalitäten zu Krankheit und Tod diagnostizieren, analysieren und bewerten kann. Die Struktur meiner Ausführungen wird versuchen, in der gebotenen Kürze, dieser grundlegenden Zusammengehörigkeit Rechnung zu tragen:

- In einer ersten Etappe will ich einige Überlegungen zum Thema *Tod* darlegen, um letzteren von seiner kulturellen Verarbeitung scharf zu unterscheiden. Diese kulturellen Verarbeitungen sind sowohl geschichtlich als auch geographisch sehr verschieden, wenn auch nicht beliebig.

- In einem zweiten Moment möchte ich ein paar Gedanken zur Krankheit vorlegen, um vor allem die Zusammenhänge zwischen Krankheit, Schuld und Lebenssinn kurz zu reflektieren.

---

* Dieser Text geht auf einen an der Paulus-Akademie Zürich gehaltenen Vortrag zurück. Dazu eingeladen hatte der SBK (Schweizer Berufsverband der Krankenschwestern und Krankenpfleger) am 28.1.1988. Zuerst erschienen in: Schweizerische Kirchenzeitung 156 (1988) 394-398, und hier geringfügig gekürzt.

- Erst in einer dritten Etappe werden die ethischen Probleme der Gestaltung des Sterbevorganges dargestellt und eine Bewertung der EXIT-Positionen unternommen. Diese relativ lange *Annäherungsoperation* scheint mir wichtig, wenn man eine rein kasuistische Beurteilung der durch EXIT gestellten Probleme vermeiden will.

1. Der Tod

Jeder Mensch, der sich mit dem Todesthema beschäftigen will, von welchem Horizont oder welcher Methode die Beschäftigung auch immer ausgeht, ist vor eine fundamentale *paradoxe Situation* gestellt. Diese Paradoxie könnte folgendermaßen umschrieben werden: Einerseits ist der Tod nie Gegenstand innergeschichtlicher Erfahrung; diese grundlegende Gegenstandslosigkeit ist aber zugleich direkte Ursache einer Reihe gesellschaftlicher und kultureller Reaktionen.

1.1. Undefinierbarkeit des Todes

Der Tod ist eine Art *Nullpunkt*, welcher notwendig ist, um überhaupt *"die Zahlen des Lebens"* buchstabieren zu können. Den Nullpunkt kennen wir aber nicht, und buchstabieren können wir nur die Zahlen *vor* und *nach* diesem Nullpunkt. Anders gesagt kann der Mensch nur etwas sagen bzw. unternehmen zu dem, was *vor* oder *nach* dem Tode passiert. Der Tod gehört nicht zu Zeit und Raum, und in diesem Sinne ist er der menschlichen Geschichtlichkeit und Wirksamkeit völlig entzogen. Vor dem Tode können wir z.B. Einstellungen zu alten Leuten, Kranken, Gefährdeten usw. beobachten und bewerten. Nach dem Tode entsteht eine Reihe von Reaktionen, Riten, Institutionen (wie etwa das Erbrecht) usw.
Wir haben uns an diese *Abwesenheit-Anwesenheit* des Todes so gewöhnt, daß wir dazu neigen, alles, was sich um den Tod unter uns ereignet, als Tod selbst zu definieren, ohne den Grundunterschied zwischen *Sterben* und *Tod* bewußt nachzuvollziehen.

1.2. Kulturelle Prozesse im Umfeld des Todes

Wenn man die sozialen Praktiken um Krankheit und Sterben rekonstruiert, wird vor allem sichtbar, wie die Grundeinstellungen zum Leben aussehen. Deswegen ist dieses Umfeld ethisch so intensiv besetzt. Was wir im Kreis des Sterbens unternehmen, hat sonst für das ganze Leben

eine Art *sittenbildende Funktion*. Die normative Unsicherheit in diesem Bereich, von welcher das Phänomen EXIT nur eine Manifestation unter vielen ist, wird gesellschaftlich gesehen nicht leicht geduldet, da man Angst hat, daß die ethischen Kriterien, die hier zur Anwendung kommen, auch in anderen Bereichen des Lebens Erfolg haben und zur Unsicherheit des ganzen Systems führen könnten.
Andererseits ist eine kritische Analyse der gesellschaftlichen Grundeinstellungen zum Sterbevorgang ethisch gesehen sehr fruchtbar, da sie indirekt die vorherrschende Wertskala offenbart und eine alternative Wertsetzung ermöglicht.

1.3. Geschichtliches zur Ritualisierung des Todes

Das Interesse für eine geschichtliche Rekonstruktion der Mentalitäten in unserem Bereich ist so groß, daß man Stunden brauchen würde, um nur den allgemeinen Stand der Forschung darzulegen. Unzählige Bücher und Zeitschriften haben zur Frage nach der Geschichte des Todes Materialien gesammelt, Diagnosen und Vergleiche zwischen Epochen und Gegenden unternommen. Auch die Forschungsmethoden in der geschichtlichen Thanatologie sind sehr differenziert und führen zu je verschiedenen Resultaten. Es ist nicht meine Aufgabe, darüber hier zu referieren.[1]
Ich möchte mich mit einigen Bemerkungen begnügen, deren Folgen für unsere Bewertung von Phänomenen wie EXIT aber von großer Tragweite sind. Geschichtlich über unseren Gegenstand (Krankheit, Sterben und Todesritualisierungen) zu arbeiten bedeutet, nicht nur der Neugierde Platz zu machen, sondern vielmehr eine *soziotherapeutische Operation* zu unternehmen mit der Absicht, die Bedingungen heutigen Sterbens kritisch zu beleuchten und alternative Strategien ins Auge zu fassen. Deswegen sollte die ethische Behandlung der Euthanasieproblematik nicht nur ein Übungsfeld für Ethiker und Ärzte sein, sondern auch eine Angelegenheit von vielen betroffenen Disziplinen und Akteuren. Schließlich sterben wir alle, also sind wir alle diesbezüglich kompetent bzw. völlig inkompetent, da eben der Tod uns allen entzogen ist. Eine angemessene Geschichtsschreibung sollte einen Dienst an der heutigen Gestaltung des Alterns und des Sterben erweisen.

---

1 Vgl. für eine erste Einführung in die sozialwissenschaftliche Literatur Schmid, G.: *Sterben und Trauern in der modernen Gesellschaft*. Opladen 1985. Zur geschichtlichen Forschung vgl. unter vielen Condrau, G.: *Der Mensch und sein Tod. Certa moriendi conditio*. Zürich 1985.

Aus der Fülle der geschichtlichen Themen der heutigen Thanatologie möchte ich nur *drei* herauskristallisieren und sehr kurz erwähnen. Alle drei Themen sind Gegenstand von polemischen und unabgeschlossenen Diskussionen. Ich möchte letztere weder referieren noch lösen. Die Erwähnung geschieht hier nur in pädagogischer Absicht, um die Diskussionen über die Lage heutigen Sterbens zu bereichern und zu animieren:

- Wenn man die Gestaltung des Sterbens in sogenannten *"primitiven Gesellschaften"* analysiert, stellt man leicht fest, daß die *Angst* nicht so sehr *vor dem Tod* existiert, sondern eher *vor den Toten.*[2] Jedes Individuum meint, durch den Tod nicht die eigene Identität zu verlieren. Die betroffene Person geht nur von einem Bereich zum anderen: vom Reich der Lebenden zum Reich der Toten. Letztere sind immer im Leben präsent, wenn auch in einer mysteriösen Weise. Sie sind gleich liebenswürdig und/oder gefährlich wie die Lebenden. Deswegen sind alle Riten in diesem Bereich, in diesen Gesellschaften, so ambivalent.

- In den sogenannten *"traditionellen Gesellschaften"* werden präzisere Jenseitsvorstellungen vertreten, aber die Kontaktmöglichkeit zwischen Lebenden und Toten geschieht durch die asymmetrischen Kommunikationswege des Gebetes und des Sakraments. Der Sterbevorgang wird stark *ethisiert,* da die Zustände der Person im Jenseits durch das Verhalten in diesem Leben vorprogrammiert sind. Es ist kein Zufall, daß die christliche Eschatologie bis im Spätmittelalter die Definitivität der Lebensentscheidungen mit der Vorstellung von *Paradies und Hölle* verfestigt hat. Die Möglichkeit einer Änderung dieses Zustandes im Jenseits durch *"gute Werke"* von Dritten in diesem Leben oder durch Buße im Jenseits im Rahmen einer Alternative[3] *(Fegefeuer)* tritt erst in einem Moment in Erscheinung, wo das Auseinanderklaffen zwischen christlichen Werten und Lebensführung von neuen Schichten (der "Bourgeoisie") sehr manifest wird.

---

2 Vgl. dazu das klassische Werk von Frazer, J.: *The Belief in Immortality and the Worship of the Dead.* London 1931.

3 Vgl. dazu Le Goff, J.: *La naissance du Purgatoire.* Paris 1981.

- Schwierig wird es für die Geschichtsschreibung, wenn sie versucht, die mannigfaltigen Prozesse der Neuzeit umfassend zu interpretieren. Stellt der *moderne Tod* eine Art *Säkularisierung dar,* welche zur Versachlichung des Todes und der Krankheit beigetragen hat,[4] oder stehen wir hier vor einem sehr kritisierbaren *Verdinglichungsprozeß,* der radikal zu hinterfragen ist?[5] Das Dilemma ist sehr komplex und kann hier nicht restlos entschieden werden. Die Diagnosen sind sehr differenziert, aber die Therapien sehr diffus. Wir wollen uns hier nicht für die eine oder andere These entscheiden. Es ist vor allem wichtig, daß wir diese Gesamtdiagnosen immer vor Augen haben, um Phänomene wie EXIT im richtigen Kontext zu plazieren.

Diese Schwierigkeit in der Gesamtbeurteilung von *Modernisierungsprozessen* gilt nicht nur für den Sterbevorgang und für den Umgang mit dem Tod, sondern auch für die Wahrnehmung und Beurteilung von Krankheit und Medizin.

2. Sterben

In jeder Gesellschaft ist die organische Degeneration des körperlichen Lebens von gesellschaftlich normierten und ritualisierten Vorgängen begleitet. Nur eine dogmatische Perspektive in der Analyse von Geschichtsdokumenten kann eine *Kontinuität der Bewertung und der Gestaltung* in diesem Bereich postulieren. Auch die Ethik des Sterbens hat ihre eigene Geschichte, welche nicht auf eine einzige Linie zu reduzieren ist.

2.1. Historisch-kulturelle Aspekte

Die neuere Geschichtsschreibung in diesem Bereich hat vor allem gezeigt, daß auch innerhalb der sogenannten *christlichen Tradition* eine Vielfalt von Grundeinstellungen gegenüber dem Sterbeprozeß zu finden ist. Sicherlich ist die Tendenz zur respektvollen Annahme der biologischen Prozesse als des indirekten Ausdrucks des Willens Gottes

---

4 Vgl. dazu vor allem Fuchs, W.: *Todesbilder in der modernen Gesellschaft.* Frankfurt 1973.

5 Als Gegenposition zu W. Fuchs vgl. etwa Elias, N.: *Über die Einsamkeit der Sterbenden.* Frankfurt 1982.

über jegliches menschliche Leben vorherrschend. So kennt man auch, immer im Banne der christlichen Traditionen, keine ethische Legitimation für ein aktives Eingreifen des Menschen im Sterbeprozeß.
Es sind aber auch Stimmen zu verzeichnen, welche diese christliche Übereinstimmung mindestens partiell hinterfragen.[6] Für unser Vorhaben ist es hier wichtig, daß wir verstehen können, weshalb die Problematik der Euthanasie für die früheren Generationen noch nicht die heutzutage erreichte ethische Brisanz aufweist. Die Erklärung liegt auf der Hand: da die medizinischen Mittel nur sehr rudimentär in die biologisch-natürlichen Sterbeprozesse eingreifen konnten, machte *"die Natur"* ihre Arbeit ohne große Widerstände, und somit waren die "tragischen Fälle" einer sehr langsamen Agonie nicht so zahlreich wie heute.
Somit ist die Notwendigkeit einer differenzierten ethischen Bewältigung der Euthanasieproblematik eine spezifische Notwendigkeit unserer Zeit und des *"entwickelten"* euro-amerikanischen Raums. Wir sollten uns dieser geo-geschichtlichen Bedingtheit bewußt sein, damit wir die Vorgegebenheiten unserer ethischen Konflikte nicht verabsolutieren.

2.2. Die ethisch-normative Bewältigung der Problematik

Alle, die eine ethische Antwort auf die Probleme heutigen Sterbens suchen, stehen vor einer Reihe von Schwierigkeiten, welche nicht leicht zu bewältigen sind. Es melden sich Schwierigkeiten verschiedener Art: empirische Definitionsprobleme und typisch normative Sackgassen.
Unter den empirischen Schwierigkeiten ist vor allem die der Definition des *Zeitpunktes des Todes* ausdrücklich zu erwähnen. Hier wird von der einfachen Beobachtung des Atmens, von der Vorstellung eines *Herztodes* bis zur Annahme eines *Hirntodes* ausgegangen. Die ethische Relevanz dieser Definitionen ist nur eine indirekte. Je nach Annahme des Zeitpunktes des Todes entstehen für den Arzt unterschiedliche Therapiepflichten. Andere Schwierigkeiten sind spezifisch normativ und können nur mittels der Reflexion überwunden werden. Ich nenne hier z.B. die Diskussionen über das Therapieverständnis selbst: Was bedeutet es, *für* den Kranken zu handeln in einer Situation, in der von Heilung und Genesung keine Rede mehr sein kann? An welchem Gesundheitsverständnis soll der Arzt sich orientieren? Vor solchen Fragen

---

6 Vgl. z. B. Luther, M.: *Tischreden*, no. 1480 u. 1498, oder Thomas Morus: *Utopia*, III, 21, sowie Bacon, F.: *De dignitate et augmentis scientiarum*, IV, 2.

kennt die Ethik, sowohl die philosophische als auch die theologische, zwei Grundmuster der argumentierenden Antwort:

- die *deontologische* Argumentationsfigur

- die *teleologische* Argumentationsfigur.

Nach der ersten gilt eine Handlung als sittlich gut, wenn sie Maximen folgt, die *in sich* gut sind, unabhängig von den Folgen dieser Handlung. Eine teleologisch argumentierende Ethik wird hingegen die Beurteilung der Handlungsfolgen in die ethische Gesamtbewertung einbeziehen. Diese Einteilung verschiedener Argumentationstypen soll nicht mechanisch wahrgenommen werden, als ob sie in Reinform anzutreffen wären. In der Tat mischen sich deontologische und teleologische Momente in jedem Versuch, den Konflikten ethisch gerecht zu werden. Das gleiche gilt auch für das Verhältnis von beschreibenden und wertenden Momenten in der Normbegründung. Beide sind immer in einer je anders gemischten Gestalt anzutreffen. So weist z.B. das Wort *Euthanasie* selbst eine z.T. rein beschreibende und eine normative Dimension auf. Viele Mißverständnisse in der ethischen Beurteilung von konkreten Maßnahmen im Zusammenhang mit dem Sterbeprozeß haben ihren Ursprung im Umgang mit solchen unklar benutzten Ausdrücken.

2.2.1. Deontologische Positionen

Eine deontologisch argumentierende Ethik versucht hier, das objektive *Recht auf Leben* jeder Person als oberste Maxime zu betrachten, und läßt sich nicht auf Güterabwägungen mit anderen Gesichtspunkten direkt und ausdrücklich ein. Das *ethische Gut* des physischen Lebens wird als unantastbar betrachtet und als unkonkurrierbar mit anderen Gütern angesehen. Diese Betrachtung der Konflikte ist oft in theologischen Kreisen anzutreffen, ist aber der theologischen Ethik nicht spezifisch. Deontologisch argumentieren auch *autonome Ethiken* wie etwa die kantische, und andererseits sind teleologische Güterabwägungen oft auch im Zusammenhang mit theologischen Argumenten zu finden.

2.2.2. Teleologische Positionen

Ich bin der Überzeugung, daß die Komplexität der Konflikte, in denen sich alle Beteiligten in einem Sterbeprozeß (der Sterbende selbst, die Angehörigen, die Ärzte und das Hilfspersonal usw.) befinden, unbedingt eine *reflektierte und ethisch motivierte Güterabwägung* verlangt. Diese sollte sich meiner Meinung nach auf drei Grundgüter, welche sowohl ethisch als auch rechtlich relevant sind, konzentrieren:

- Es besteht die Notwendigkeit, *Schmerzen und Leiden* im Sterbeprozeß zu minimieren.

- Jeder Sterbende sollte in der Lage sein, so weit wie möglich *die Selbstbestimmungskraft* zu bewahren und auszuüben.

- Alle Beteiligten sollten sich bewußt sein, daß *das physische Leben* nicht restlos zur menschlichen Disposition steht. Der Sinn dieses Gutes ist nicht einfach auf die wahrgenommene Sinnhaftigkeit durch die Beteiligten zu reduzieren.

Die drei Grundgüter sollen jedesmal in der jeweils anders gelagerten *Situation* gegeneinander abgewogen werden. Für diese *Güterabwägung* gibt es durch die Ethik keine Zauberformel. Damit aber von einer richtigen Abwägung geredet werden kann, soll kein auf dem Spiel stehendes Gut als *absolut* gesetzt werden. Wird z.B. die Schmerzbekämpfung[7] absolut gesetzt, dann ist eine Linderung legitimiert, welche die Selbstbestimmungskraft des Patienten völlig ausschaltet und eventuell mit einer Lebensverkürzung verbunden ist.
Stellt man das physische Leben als oberstes Gut dar, ohne jegliche Abwägung mit anderen Gütern, dann ist die Notwendigkeit eines *"acharnement thérapeutique"* schon im voraus gegeben.
Die Verabsolutierung der Selbstbestimmung des Patienten führt zu anderen Lösungen, welche ethisch bedenklich sind. Diese werde ich erst später, im Zusammenhang mit EXIT, erwähnen und bewerten. Mir scheint es in diesem Zusammenhang wichtig, daß man die Notwendigkeit reflektiert, nicht vorschnell in untragbare Güterabwägungen zu fallen. Letztere können manchmal nur tragisch und ausweglos werden, da man das Gefühl hat, daß man sich so oder so schuldig macht.

---

[7] Oft wird die Unterscheidung zwischen *Leid* und *Schmerz* leicht übersehen. Vgl. zum Leidensproblem in der europäischen Kulturgeschichte Natoli, S.: *L'esperienza del dolore*. Milano 1987^3.

2.2.3. Prävention von ausweglosen Situationen

Wichtiger ist es also, daß man vor jeglicher Entscheidung über die Gestaltung des Sterbeprozesses überlegt, wie es möglich ist, bestimmte Konflikte *präventiv* zu vermeiden. Diese Notwendigkeit der Prävention ist prinzipiell leicht zu formulieren: im Alltagsleben ist sie nicht ohne weiteres immer praktizierbar. Man ist vor allem dem Zwang der Zeit unterworfen, indem man oft Entscheidungen treffen muß, welche kein ruhiges Nachdenken über ihre ethischen Implikationen erlauben.
Die Versuchung ist stark, sich automatisch von Patentrezepten leiten zu lassen und der *(straf)-rechtlichen Regulierung* der Probleme allzu großes Vertrauen zu schenken.

2.3. Die Verrechtlichung des Sterbeprozesses

In der Tat weist das Recht in diesem spezifischen Bereich eine *strukturelle Schwäche* auf. Wenn das Recht allzu viele Situationen regulieren würde, wäre die medizinische Tätigkeit in der Einschätzung von einmaligen Konflikten und in der Vielfalt der therapeutischen Entscheidungen stark beeinträchtigt. Eine "verkettete Medizin" würde die technische und menschliche Qualität des Arzt-Patient-Verhältnisses stark vermindern, und alle Beteiligten würden darunter leiden. Diese Feststellungen sollten aber nicht unbedingt zu einer völligen *rechtlichen Abstinenz* in diesem Bereich führen. Die Grundrechte, welche in anderen Sektoren des menschlichen Lebens volle Gültigkeit haben, sollten auch im Sterbeprozeß weiterhin anwendbar sein. Die Diskussion ist höchstens über die Modalitäten dieser Anwendung möglich.

2.3.1. Durch die Ärzte: die Richtlinien

Auf der Suche nach Entscheidungskriterien, welche für alle Ärzte verbindlich sind, haben die *Standesorganisationen* verschiedener Länder[8] selbstverbindliche Regeln aufgestellt. Diese sind in ethischer Hinsicht differenziert zu bewerten.

- Zu deren *ethischen Vorteilen* muß man vor allem ihre relative "Elastizität" erwähnen. Sie versuchen, der Vielfalt der Situationen und Konflikte Rechnung zu tragen, und erleichtern zugleich

---

[8] In der Schweiz die *Akademie der medizinischen Wissenschaften*. Vgl. deren Richtlinien für die Sterbehilfe. Basel 1987.

die Verantwortung der Beteiligten. Sie ersparen die strafrechtliche Androhung, wenn sie, ethisch gesehen, nicht indiziert sind.

- Da die Richtlinien nur für die Ärzte und für das Hilfspersonal in öffentlichen Spitälern verbindlich sind, sind sie außerhalb dieses Rahmens wirkungslos und bestätigen somit indirekt die Präsenz eines rechtlichen Vakuums. Darüber hinaus ist diese Regulierung, wenn auch interdisziplinär und mit starker ethischer Motivation entstanden, eben eine *Selbst*regulierung. Dies stellt einen *ethischen Nachteil* dar, weil sich hier die Gefahr eines Urteils zu eigenen Gunsten melden könnte.[9]

Deswegen melden sich in letzter Zeit immer mehr Stimmen, die dem Selbstbestimmungsanliegen des Patienten eine rechtliche Verbindlichkeit verschaffen möchten.

2.3.2. Staatliche Abstinenz, Patientenrechte und Patiententestamente

Der Tod und seine Ankündigung durch das Sterben sind als Verlust der sichtbaren Autonomie des Menschen und als *Not*wendigkeit zu betrachten.[10] Wir alle haben große Mühe, diese Verminderung unserer Selbstdisponibilität in Kauf zu nehmen, und versuchen schon im voraus, so weit wie möglich die Bedingungen unseres Abganges zu fixieren. Wir möchten gern vorsorglich schon heute unsere Behandlungswünsche bzw. unsere Behandlungsverbote ausdrücken und unseren Willen schon jetzt festlegen. Die sogenannten *Patiententestamente* sind ein Versuch, diesem Bedürfnis eine öffentliche Verbindlichkeit zu verleihen.
Der Versuch ist mehr als verständlich und sogar ethisch zu bejahen, ist aber mit strukturellen Schwierigkeiten verbunden. Wenn staatliche Behörden die *beschränkte Wirkung* dieser Testamente zu betonen pflegen,[11] ist dies nicht in erster Linie auf die sogenannte *Allmacht der Ärz-*

---

9 Nach dem Motto *"nemo est judex in causa propria"*, d.h.: Niemand ist Richter in eigener Angelegenheit.

10 Hier meldet sich die ganze philosophische und theologische Diskussion um den Tod als letzten Ausdruck der Freiheit und/oder der Notwendigkeit menschlicher Existenz. Ich bitte um Verständnis für die fast sträfliche Nichtbeachtung dieser Problematik. Vgl. unter vielen: *Der Tod in der Moderne*. Hrsg. von H. Ebeling. Königstein 1979.

11 Vgl. dazu die rechtliche Stellungnahme des Schweizer Bundesamtes für Justiz in der NZZ 31.12.1987, 18.

te oder eventuell auf *Behördenwillkür* zurückzuführen. Mit der Behauptung der beschränkten Wirkung dieser Dokumente bzw. deren beschränkten Verbindlichkeit für den behandelnden Arzt wird eher die grundlegende *Zeitlichkeit* menschlicher Willensäußerungen wieder betont.[12] Wir können als Menschen unsere Autonomie nicht schon im voraus für den Augenblick unseres Sterbens prädisponieren. Es gehört zum Wesen menschlichen Sterbens, daß seine Bedingungen von außen total willkürlich eintreffen. Uns ist gegebenenfalls ein bißchen Spielraum zugestanden, aber ohne jegliche Garantie. Es ist kein Zufall, daß der mittelalterliche Mensch vor allem Angst vor dem *plötzlichen Sterben* hatte. Es ist also zu begrüßen, daß jeder von uns die Möglichkeit hat, die *Rahmenbedingungen* seiner Behandlung im künftigen Sterbeprozeß umschreiben zu können. Daraus ergibt sich aber für eine andere Person, sei es nun der behandelnde Arzt oder ein Angehöriger, nicht die Freiheit, schon im voraus zu bestimmen.

2.3.3. EXIT

Der erste Eindruck, den man bekommt, wenn man die Publikationen von EXIT liest, berührt das Verständnis von Medizin in diesen Schriften. Krankheit und Therapie werden hier nicht mehr im ausschließlichen Zusammenhang mit einer Strategie der Leidensminimierung wahrgenommen. Der Arzt fragt also nicht mehr: *"Wo und wie leiden Sie?"*, sondern: *"Was wünschen Sie von mir?"* Diese Einstellung gehorcht einer Logik einer *"Médécine du désir"* als dem klassischen Verständnis von Medizin, Diagnose und Therapie. Diese Metamorphose im Medizinverständnis ist aber nicht nur bei EXIT zu finden, sondern ist ein Ausdruck unter vielen für einen radikalen Mentalitätswechsels, der auch in anderen Sektoren der Medizin anzutreffen ist.[13]
EXIT hat vor allem die Absicht, die Autonomie der Patienten bis in den Tod hinein zu maximieren. Diese Absicht führte, bis zur Revision der Statuten der schweizerischen Sektion im Jahre 1984, zur Forderung nach einer Legalisierung der sogenannten *aktiven Euthanasie.* Die Streichung dieser Forderung geschah eher aus pragmatischen als aus prinzipiellen Gründen.[14]

---

12 Vgl. dazu Rickmann, S.: *Zur Wirksamkeit von Patiententestamenten im Bereich des Strafrechts.* Bern 1987.

13 So z. B. bei den neuen Reproduktionstechniken. Vgl. dazu mein Beitrag *Ethische Überlegungen zum Problemkreis In-Vitro-Fertilisation und Embryo-Transfer,* in: Schweizerische Kirchenzeitung 155 (1987) 66-69, in diesem Band 69-80.

Heute tritt EXIT hauptsächlich für eine offene *Hilfe zum Freitod* ein. Für diese Möglichkeit bietet sie theoretische und praktische Hilfe und denkt daran, eigene *Sterbehospize* zu gründen. Was ist von diesen Anliegen und Positionen ethisch zu denken?
Ich werde im folgenden eine sehr knappe Stellungnahme, welche weiterer Entwicklungen bedarf, versuchen:

- Unabhängig von den Bedingungen, unter denen man heute in den sogenannten spätindustriellen Gesellschaften stirbt, glaube ich, daß es nötig ist, die klassische ethische Verurteilung des Selbstmordes partiell zu revidieren.[15] Die üblicherweise ins Feld gebrachten Argumente beruhen auf einer Vorstellung Gottes und seiner Souveränität und auf einer Vorstellung menschlicher Freiheit, welche z.T. fraglich sind.

- In diesem Zusammenhang ist es verständlich, daß moderne Staaten die *Straflosigkeit* des Selbstmordes und die *Zulässigkeit* der Hilfe zum Freitod vorsehen. Der Staat verzichtet zu Recht auf die Vollmacht sogar über den Tod.

- Straflosigkeit und Zulässigkeit beinhalten aber noch nicht eine Art *Pflicht* zur Hilfe zum Freitod. Diese Beihilfe kann nicht eingefordert werden. Hier stehen in der Tat zwei Freiheiten auf dem Spiel, die des Patienten und die des Arztes. Keine darf auf Kosten der anderen ausgespielt werden.

Die Antwort von EXIT auf die Herausforderung der total technisierten Medizin ist verständlich, aber nicht unbedingt korrekt. Die Lösung der Sackgassen der modernen Medizin durch *Hilfe zum Freitod* scheint mir ungenügend, und dies aus verschiedenen Gründen:

- Sie ist privatistisch, indem sie die bestehende Organisation der Medizin zwar kritisiert, aber sie nicht überholt.

- Die Delegation der Definitionsmacht über die Lage an den Patienten entlastet andere Akteure (Angehörige, Ärzte, Pfleger/innen) von ihrer undelegierbaren ethischen Verantwortung.

---

14 Vgl. die Informationen in: *Fünf Jahre EXIT*. Grenchen 1987, vor allem 29f.

15 Vgl. dazu grundlegend: Holderegger, A.: *Suizid und Suizidgefährdung. Humanwissenschaftliche Ergebnisse - anthropologische Grundlagen*. Freiburg i. Ue. 1979.

- Die Schaffung von *Sterbehospizen* verstärkt die Tendenz, Sterben und Tod aus der Gesellschaft zu isolieren und zu verdrängen. In diesem Sinne ist EXIT sehr konform.

Alle diese Kritiken sollten aber nicht nur als kämpferische Parolen gegen einen Verein verstanden werden. Vielmehr sind sie an uns alle selbst gerichtet, damit wir uns die eigene *ars moriendi* wieder aneignen. Wir werden alle einmal sterben müssen. EXIT ist in diesem Zusammenhang eine Herausforderung für uns alle. Sie ist zwar eine ambivalente Antwort auf eine ambivalente Lage. Es liegt an uns, korrektere Antworten zu finden, wohl im Bewußtsein, daß der Tod durch unsere Kräfte allein unüberwindbar ist.

Teil 3

BEITRÄGE AUS DEM BEREICH DES STRAFRECHTS

IX. STRAFTHEORIEN UND STRAFRECHTSBEGRÜNDUNGEN: SCHWIERIGKEITEN EINER ETHISCHEN NEUBESINNUNG

1. Wandel der Strafbegründungen unter einem unkritisch-optimistischen Vorzeichen

Die Begriffe, die Kategorien, die Argumentationsmuster, welche bis heute der ethischen und der politischen Legitimation staatlicher Strafen gedient haben, werden durch verschiedene wissenschaftliche Disziplinen mit je anderen gedanklichen Instrumentarien in ihrer Konsistenz relativiert und ideologiekritisch hinterfragt.* Der Ethiker stellt vor allem im eigenen Bereich fest, daß *ein kräftiger Wandel in der Wahl der Argumente des Strafbegründungsverfahrens* stattgefunden hat. Dieser Wandel kann vereinfachend als das Ende jeglicher absoluten Begründung der Strafe und als die Wiederaufnahme der je verschiedenen relativen Straftheorien beschrieben werden.

Bevor diese Metamorphose in der ethischen Argumentationsstrategie näher bewertet werden kann, ist es sinnvoll, die Hauptmerkmale der sogenannten absoluten und der relativen Strafbegründungstheorien in Erinnerung zu rufen.[1]

In der Perspektive der *absoluten Theorien* wird die Strafe als eine Sanktion gesehen, welche an und für sich keine Wirkung beim Betroffenen auslösen will, als ein Übel, das keinen Erfolg erzielen möchte, sondern nur das geschehene Unrecht ausgleichen will. Die Strafe ist hier eine automatisch eintretende proportionale Vergeltung des Rechtsmißbrauchs.

Auf den ersten Blick könnte man meinen, daß dieses Verständnis der Strafe ethisch höchst primitiv und undifferenziert sei. Man sieht in der Tat die absolute Rechtfertigung der Strafe oft als eine rational verfeinerte Form der Blutschuldideologie und des Taliongesetzes an. Daß dies nicht die einzig mögliche Auslegung dieses Begründungsverfahrens sein muß, zeigt allerdings die Strafrechtstradition des deutschen

---

* Dieser Aufsatz wurde zum ersten Mal in der Zeitschrift für evangelische Ethik 27 (1983) 375-390 veröffentlicht.

1 Aus der Fülle der Literatur nenne ich vor allem: Schmidthäuser, E.: *Vom Sinn der Strafe*. Göttingen 1971²; Neumann, U. - Schroth, U.: *Neuere Theorien von Kriminalität und Strafe*. Darmstadt 1980. Vgl. auch in verfassungsrechtlicher Perspektive: Callies, R.P.: *Theorie der Strafe im demokratischen und sozialen Rechtsstaat*. Frankfurt/M. 1974.

Idealismus. Besonders bei *Kant* wird die Idee der Vergeltung in harmonischen Einklang mit dem Ideal der Verwirklichung von Gerechtigkeit gebracht.[2] "Die Vergeltungstheorie rechtfertigt nicht die naturwüchsige Reaktion des verletzten Rechtsempfindens einer Gesellschaft, die Rache, sondern geht vom Begriff der Gerechtigkeit aus. Sie betrachtet den Rechtsbruch als Anmaßung einer Ausnahmestellung gegenüber den Mitbürgern, was einen Ausgleich mittels Strafe erfordert."[3]
Diese wohlwollende Auslegung der absoluten Begründung der Strafe beseitigt aber die anderen dagegen formulierten Einwände nicht. Vor allem kann die Vergeltungsstrafe das konkrete Leiden des Opfers eines Delikts nicht mindern oder gar aufheben, sondern sie summiert Leiden mit Leiden.
Die *relativen Theorien* legitimieren die Strafe, indem sie mit ihr einen Zweck erreichen wollen. Die Bezeichnung von verschiedenen Zwecken differenziert die Straftheorien selbst. Die systematische Gliederung und Verklettung solcher verschiedenen Zwecke der Strafe sind schon seit dem Mittelalter bekannt. Folgende Äußerungen von *Thomas von Aquin* sind ein Beispiel für diese soeben genannte Beständigkeit der "relativen" Argumente:

> "Die Bestrafungen des gegenwärtigen Lebens ... sind an sich nicht gefordert - denn hier unten haben wir nicht die letzte Frist der Vergeltung -, sondern als Heilmittel, und so dienen sie entweder zur Besserung des Fehlenden oder zum Wohl des Gemeinwesens, dessen Ruhe durch die Bestrafung der Übeltäter gesichert wird."[4]

General- und Spezialprävention sind also die Hauptfiguren der sogenannten relativen Strafbegründungen. Letztere haben, vor allem durch die Tradition von Franz von Liszt und der *"défense sociale"*, eine detailliertere Aufgliederung der Strafzwecke erfahren. Somit unterscheidet man heute zwischen:

- Unschädlichmachung,

---

[2] Vgl. Mayer, H.: *Kant, Hegel und das Strafrecht*, in: Festschrift für K. Engisch. Frankfurt/M. 1969, 54ff.

[3] Höffe, O.: *Lexikon der Ethik* München 1977, 231f.

[4] Thomas von Aquin: *Summa theologiæ*, II^{a}-II^{æ}, Q. 68, a.1.

- Abschreckung,
- Resozialisierung des Täters

als sich ergänzende Ziele jeder Strafe.
Meine Absicht ist nun, nicht die innere Pertinenz der Argumente dieser Straftheorien direkt zu überprüfen; ich möchte auch nicht die schwierige Problematik der theologischen Implikationen dieses Prozesses erörtern. In der Tat kann man feststellen, daß eine gewisse Parallelität zwischen der *Säkularisierung des Strafrechts* (ein Recht *"etsi Deus non daretur"*) und dem Übergang zur Vorherrschung der relativen Theorien besteht. Dies alles soll hier nicht behandelt werden. Ich möchte eher die optimistische geschichtsphilosophische These, welche den Übergang von der absoluten zu den relativen Auffassungen der Strafe begleitet, kritisch hinterfragen. Der Gesinnungswandel, welcher von Beccaria bis heute reicht und welcher die Resozialisierung des Täters als Hauptziel der Strafe ansieht, wird als ein schwieriger, aber kontinuierlicher Humanisierungsprozeß in Theorie und Praxis interpretiert. Diese optimistische Perspektive, in die der Argumentationswandel eingebettet ist, scheint (wenigstens in ihrer "vulgären" Version, so wie sie von den Massenmedien verbreitet wird) sehr suspekt. Ist in der Tat die Ausdifferenzierung der Strafrechtsargumentation ein eindeutiges Zeichen menschlicheren Umgehens mit Sanktionen? Haben wir es seit der Aufklärung mit einem langsamen, aber sicheren Verbesserungsprozeß zu tun?
Zwei aktuelle Ansätze aus der strukturellen Geschichtsschreibung (M. Foucault) und aus der kritischen Kriminologie (Labeling Approach) stellen die optimistische Hypothese radikal in Frage.

> These 1: Der neuzeitliche Wandel in der Strafbegründung von der Vergeltungstheorie zur Resozialisierungstheorie wird heute vor allem in einem geschichtsphilosophischen optimistischen Rahmen erklärt. Dieser Wandel wird als Prozeß zur Humanisierung hin interpretiert. Diese selbstherrliche Interpretation ist suspekt und muß hinterfragt werden.

2. Infragestellungen der unkritisch-optimistischen These

Strukturale Geschichte des Strafvollzugs (M. Foucault) und kritische Theorie des Verbrechens (Labeling-Theorie) dienen als Muster einer alternativen Interpretation der Strafrechtsentwicklung.

2.1. Michel Foucaults 1975 erschienenes Werk *"Überwachen und Strafen"*[5] kann bei einem ersten oberflächlichen Lesen nur als eine Darstellung der großen Übergänge der europäischen Strafvollzugssysteme betrachtet werden: von der mittelalterlichen Körperstrafe zur heutigen Gefängnisorganisation.
Eine nähere Betrachtung zeigt aber, daß Foucault ein anderes Ziel verfolgen will. Er sieht in der Geschichte des Strafens überhaupt keine Entwicklung, die in einem Denkprozeß verankert wäre, sondern nur einen *Wandel von Straftechniken.* Wie er selbst sagt,

> "ist die Milderung der Strafmenge im Laufe der letzten Jahrhunderte ein Phänomen, das den Rechtshistorikern wohlbekannt ist. Aber lange Zeit wurde es global als ein quantitatives Phänomen betrachtet: weniger Grausamkeit, weniger Leiden, mehr Milde, mehr Respekt, mehr 'Menschlichkeit'. In Wirklichkeit hat sich hinter

---

[5] Foucault, M.: *Surveiller et punir.* Paris 1975, dt.: *Überwachen und Strafen.* Frankfurt/M. 1976. Die Diskussion um dieses Werk ist immer noch im Gange. Es ist schwierig, in der Fülle der Veröffentlichungen Leitlinien zu erkennen. Vor allem die Aufmerksamkeit der deutschsprachigen Literatur ist relativ gering geblieben und hat manchmal esoterische Züge angenommen. Vgl. in Auswahl aus vielen Beiträgen folgende Publikationen: d'Alessandro, L.: *Potere e pena nella problematica di M. Foucault,* in: Rivista internazionale di filosofia del diritto 53 (1976) 415-429; Brodeur, J. P.: *Surveiller et punir,* in: Criminologie 9 (1976) 196-218; Burger, R.: *Die luziden Labyrinthe der Bourgeoisie. Marginalien zum Begriff der Macht bei Michel Foucault,* in: Kriminalsoziologische Bibliographie 5 (1978) 60-82; Corradi, E.: *Filosofia della "morte dell'uomo." Saggio sul pensiero di M. Foucault.* Milano 1977; Cotesta, V.: *Linguaggio, potere individuo. Saggio su Michel Foucault.* Bari 1979; Deleuze, G.: *Ecrivain non: un nouveau cartographe,* in: Critique (1975) 1207-1227; Ewald, F.: *Foucault, ein vagabundierendes Denken,* in: Foucault, M.: *Dispositive der Macht.* Berlin 1978, 7-19; *L'impossible prison.* Hrsg. von M. Perrot. Paris 1980; Raulf, U.: *Das normale Leben. M. Foucaults Theorie der Normalisierungsmacht.* Marburg 1977 (Diss.); Steinert, H.: *Ist es denn aber auch wahr, Herr F.? "Überwachen und Strafen" unter der Fiktion gelesen, es handle sich dabei um eine sozialgeschichtliche Darstellung,* in: Kriminalsoziologische Bibliographie 5 (1978) 30-45.

diesen Veränderungen *eine Verschiebung* im Ziel der Strafoperation vollzogen. Es handelt sich nicht so sehr um eine Intensitätsminderung, als vielmehr um eine Zieländerung."[6]

Foucault liest also Geschichte von einem ganz anderen Horizont aus, als wir es von der klassischen Geschichtsphilosophie her (sei es in ihrer optimistischen oder pessimistischen Variante) gewöhnt sind. Geschichtliche Prozesse und Wandlungen werden nicht mehr einzelnen Subjekten oder Klassen zugeschrieben, die mehr oder weniger bewußt ein Ziel erreichen wollen, sondern es werden lediglich Techniken, Manöver, Funktionsweisen beschrieben, welche die neuen Netze der Macht darstellen sollen. Die Macht selbst, vor allem diejenige, die sich im Akt des Strafens manifestiert, ist nicht alleiniges Privileg von einzelnen, welche meinen, sie zu besitzen, sondern eine Art *komplexe Gesamtwirkung,* wo jeder mit ihr umgehen kann und muß. Macht verläuft über alle und durch alle hindurch. Um das Funktionieren der Macht zu verstehen, darf man, laut Foucault, nicht denken, daß sie ein Moment der Willkür darstellt. Im Gegenteil, *Macht ist als Wissens- und Gewaltstrategie zugleich zu verstehen.*[7]
In dieser theoretischen Grundperspektive ist der Wandel im Strafwesen als ein Wechselwirkungsspiel zwischen Wissens- und Machtmomenten innerhalb der Geschichte zu sehen.
Foucault teilt die neuzeitliche Geschichte der Strafe in drei Phasen, die untereinander sehr verschieden sind: die Marterzeit des vorrevolutionären "Ancien régime", die Epoche der "gerechten Strafen" der reformerischen Aufklärung und schließlich die Periode der Disziplin, welche das 19. und unser Jahrhundert beherrscht. Jede geschichtliche Epoche wird durch eigene Szenarien, Akteure und eigene Strafziele gekennzeichnet.

---

6 Foucault, M.: *Überwachen und Strafen,* a.a.O. 25.

7 a.a.O. 39: "Man muß einer Denktradition entsagen, die von der Vorstellung geleitet ist, daß es Wissen nur dort geben kann, wo die Machtverhältnisse suspendiert sind, daß das Wissen sich nur außerhalb der Befehle, Anforderungen, Interessen der Macht entfalten kann. Vielleicht muß man dem Glauben entsagen, daß die Macht wahnsinnig macht und daß man nur unter Verzicht auf die Macht ein Wissender werden kann. Eher ist wohl anzunehmen, daß die Macht Wissen hervorbringt (und nicht bloß fördert, anwendet, ausnutzt), daß Macht und Wissen einander unmittelbar einschließen, daß es keine Machtbeziehung gibt, ohne daß sich ein entsprechendes Wissensfeld konstituiert, und kein Wissen, das nicht gleichzeitig Machtbeziehungen voraussetzt und konstituiert."

- Die Zeit der *Marter* zeigt eine Art der Straftechnik, welche durch die strikte Geheimhaltung in der Untersuchungsphase, durch die unbedingte Suche des Eingeständnisses mittels der Folter eine eigene grausame Logik aufweist. Nach Foucault hat die Marter eine rechtlich-politische Funktion.

> "Es handelt sich um ein Zeremoniell zur Wiederherstellung der für einen Augenblick verletzten Souveränität. Die öffentliche Hinrichtung fügt sich in die Reihe der großen Rituale der verdunkelten und erneuerten Macht ein (Krönung, Einzug des Königs in eine eroberte Stadt, Unterwerfung aufständischer Subjekte). Als Sieg über das den Souverän verletzende Verbrechen entfaltet sie vor den Augen aller eine unüberwindliche Kraft. Sie soll weniger ein Gleichgewicht wiederherstellen, als vielmehr die Asymmetrie zwischen dem Subjekt, welches das Gesetz zu verletzen gewagt hat, und dem allmächtigen Souverän, der das Gesetz zur Geltung bringt, bis zum Äußersten ausspielen. Die Wiedergutmachung des durch das Vergehen entstandenen privaten Schadens muß angemessen, das Urteil muß gerecht sein, doch die Vollstreckung der Strafe ist kein Schauspiel des Ebenmaßes, sondern des Übergewichts und des Übermaßes. In dieser Liturgie der Strafe muß die emphatische Bejahung der Macht und ihrer inneren Überlegenheit vollzogen werden. Und diese Überlegenheit ist nicht einfach die des Rechts, sondern die der physischen Kraft des Souverän, der sich auf den Körper seines Gegners stürzt und ihn besiegt: indem er das Gesetz gebrochen hat, hat der Übeltäter die Person des Fürsten angegriffen; und diese bemächtigt sich nun - vermittels ihrer Beauftragten - des Körpers des Verurteilten, um ihn gebranntmarkt, besiegt, gebrochen vorzuführen."[8]

---

[8] a.a.O. 64.

Während der Marterepoche spielt die Institution des Gefängnisses noch eine geringe Rolle. Sie besitzt keine direkt strafende und keine andere Funktion als diejenige der vorläufigen Bewahrung des Delinquenten für die Marterliturgie.

- In der zweiten Epoche, nämlich in der Zeit der *Aufklärungsreformen,* steht der menschliche Leib nicht mehr im Mittelpunkt der Strafstrategie. Obwohl die Positionen der Reformer beim ersten Blick als Appelle zur Humanisierung der Strafe interpretiert werden können, muß man, nach Foucault, nicht dabei bleiben, sondern die tiefere strukturale Logik der neuen, aufgeklärten Strafstrategie entdecken und auslegen.
  Nach Foucault wollen die Aufklärungsreformer, daß "aus der Bestrafung und Unterdrückung der Ungesetzlichkeiten eine regelmäßige und die gesamte Gesellschaft erfassende Funktion wird; daß nicht weniger, sondern besser gestraft wird; daß vielleicht mit einer gemilderten Strenge, aber jedenfalls mit größerer Universalität und Notwendigkeit gestraft wird; daß die Strafgewalt tiefer im Gesellschaftskörper verankert wird."[9] Das ganze Leben des Menschen darf nicht dem Zufall überlassen werden, sondern muß klar geregelt sein.

> "Es ist notwendig, daß die Gesetzesübertretungen definiert und ausnahmslos bestraft werden, daß in dieser Masse von einerseits tolerierten und andererseits übermäßig scharf sanktionierten Unregelmäßigkeiten genau bestimmt wird, was eine untragbare Gesetzesübertretung ist und folglich mit einer unentrinnbaren Strafe bedacht wird."[10]

- Die *Zeitepoche des 19. Jahrhunderts* schließlich weist wiederum andere Merkmale auf. Man geht, nach Foucault, von der Marter über die Strafe in die Zeit der Universaldisziplin über. Letztere wird als eine Kunst definiert, welche nicht nur die Vermehrung der Fähigkeiten des menschlichen Körpers im Auge hat, sondern

---

9 a.a.O. 104.

10 a.a.O. 140.

> "die Schaffung eines Verhältnisses, das in einem einzigen Mechanismus den Körper um so gefügiger macht, je nützlicher er ist, und umgekehrt."[11]

Die architektonische und organisatorische Verkörperung und Konkretisierung dieses totalen Disziplinierungsideals kann man, nach Foucault, im Panoptikum von Bentham finden. In diesem Modellgefängnis ist das Bild der heutigen "Totalinstitutionen"[12] antizipiert. In diesen Institutionen hat jedes Individuum einen festen physischen oder psychischen Platz. Die eindeutige und eintönige Regulierung von Raum und Zeit durch die Architektur und die Tagesordnung des Gefängnisses haben die totale Symbiose zwischen dem Körper des Gefangenen und seiner Arbeit zum Ziel.

Aus der knappen Darstellung von "Überwachen und Strafen" kann man sehen, daß Foucault Geschichte auf eine Weise, welche von den herkömmlichen optimistischen oder pessimistischen Geschichtsphilosophien sehr verschieden ist, thematisiert. Geschichtliche Prozesse und Wandlungen werden nicht einzelnen *"Subjekten"*, die ein Ziel erreichen wollen, zugeschrieben, sondern Geschichte ist nur ein Ort von Techniken, Manövern, Machtnetzen, die immer neue Gestalt annehmen. Es wird auch keine "ethische" Auffassung von Fortschritt vertreten. Die Macht ist eine vielschichtige Wirklichkeit, die sich nicht in einem dualen System von Herrschenden und Beherrschten einteilen läßt. Macht ist überall mit je anderen Modalitäten anwesend. In dieser Grundperspektive also ist die Geschichte der Strafe nicht interpretierbar als die Geschichte vom Gelingen immer besserer Argumentationen und Legitimationen der Strafe selbst. In der Geschichte ist kein Fortschritt, kein faktischer und kein argumentativer, verifizierbar. Man kann nur einen Wandel von Techniken feststellen. Mit Foucault wird eine radikale Absage an jegliche teleologische Geschichtsphilosophie erteilt.
In diesem Zusammenhang muß man bemerken, daß einige Kritiker des französischen Philosophen in seinem Werk jeden Hinweis auf die *theologische Komponente* im Strafbegründungs- und Strafdurchsetzungsprozeß vermißt haben.

---

11 ebd.

12 a.a.O. 176.

Wenn man bedenkt, daß die Zeit der Körperstrafe und der Marter bis zur aufklärerischen Reformbewegung sich mit der Epoche der Christenheit deckt, kann man schwerlich an der Notwendigkeit einer Analyse der Wirkung theologischer Strafbegründung zweifeln. Foucault liefert aber in "Überwachen und Strafen" keine Ansätze für eine Rezeption seiner Methode in der theologischen Geschichtsschreibung (sei es in der Dogmen- oder in der Kirchengeschichte).[13]
Die geschichtlich-theoretische Rekonstruktion von Michel Foucault kann trotzdem für den Theologen auf einer anderen Ebene fruchtbar werden. Wenn die theologischen Lehren der Erbsünde und der Notwendigkeit der Sühne nicht einen direkten und entscheidenden Einfluß auf die Metamorphosen des Strafwesens in der europäischen Geschichte ausgeübt haben, braucht der wachsame Theologe nicht unbedingt über den "Feuer-bach" der materialistischen Ideologiekritik zu gehen. Er ist sozusagen von dieser gefährlichen Operation dispensiert, muß aber eine neue, nicht leichtere Leistung erbringen. Der an Foucault geschulte Theologe kann in seinem Bereich die gegenseitigen Transaktionen zwischen Wissen und Macht entdecken, und dies in den Rastern, mit denen das Alltagsleben der Menschen organisiert ist.
Das soeben angeführte Postulat ist abstrakt leicht formulierbar. Was dies konkret für den theologischen Forschungsbetrieb bedeuten könnte, bleibt - mindestens für mich - noch ziemlich unklar.
An einer Passage aus "Surveiller et punir" kann man beobachten, wie die Materialien aus der Theologie- und Kirchengeschichte in der Perspektive von Michel Foucault zu bearbeiten wären. Zur Einzelhaft meint Foucault:

> "Die Isolierung stellt einen fürchterlichen Schock dar, aufgrund dessen der Verurteilte, schlechten Einflüssen entzogen, zu sich selbst zurückkehren und auf dem Grund seines Gewissens die Stimme des Guten wieder finden kann. Die einsame Arbeit wird dann ebensosehr zu einer Konversionsübung wie zu einer Handwerksübung; sie wird nicht nur das dem homo oeconomicus eigene Interessensystem reformieren, sondern auch die Imperative des moralischen Subjekts. Die Zelle, jene Technik des christlichen Mönchtums, die nur noch in

---

13 Vgl. dazu: Léonard, J.: *L'historien et le philosophe. A propos de surveiller et punir, naissance de la prison*, in: *L'impossible prison, Recherches sur le système pénitentiaire au XIXe siècle*. Hrsg. von M. Perrot. Paris 1980, 9-28.

> katholischen Ländern weiterbestand, wird in dieser protestantischen Gesellschaft das Instrument zur Wiederherstellung des homo oeconomicus und des religiösen Bewußtseins. Zwischen dem Verbrechen und der Rückkehr zu Recht und Tugend bildet das Gefängnis einen 'Raum zwischen zwei Welten', einen Ort für die individuellen Transformationen, die dem Staat die verlorenen Subjekte zurückerstatten."[14]

Hier sind nicht so sehr theologische Doktrinen wirksam, sondern Techniken für die Organisation und Bewältigung von Zeit und Raum ("die Zelle", die Haus- und Tagesordnung usw.). Vielleicht eröffnet der strukturale Ansatz von M. Foucault eine neue Möglichkeit für die kritische Analyse der klerikalen Totalinstitutionen (Klöster, Seminarien, Asyle usw.) und für die Schaffung von neuen, befreienderen und versöhnenderen Mechanismen der Resozialisation.
Nach diesen Hinweisen könnten nun zu Recht Zweifel an der theologischen Fruchtbarkeit dieses strukturalistischen Geschichtsverständnisses angemeldet werden. Obwohl solche Zweifel legitim sind, möchte ich hier diesen Aspekt einer möglichen theologischen Rezeption Foucaults nicht weiter vertiefen, weil die Grundperspektive unserer Überlegung nicht aus dem Horizont unserer Aufmerksamkeit verschwinden sollte. Die Einbeziehung Foucaults hatte in der Tat in diesem Zusammenhang nur den Sinn, die Hypothese einer neuzeitlichen Verbesserung und Ausdifferenzierung im Bereich der Strafrechtsbegründung in Frage zu stellen. In dieser begrenzten Perspektive scheint mit, daß Foucault zu Recht zu einem schweren Schlag gegen jeglichen naiven Optimismus in diesem Bereich ausgeholt hat.

2.2. Ich möchte nun die mehrmals erwähnte optimistische Hypothese über die Strafrechtsentwicklung an einem anderen theoretischen Ansatz kurz überprüfen. Ich werde einige Überlegungen über die *sozialethische Bedeutung der Labelingstheorie,*[15] d. h. der Etikettierungstheorie,

---

14 Foucault, M.: *Überwachen und Strafen,* 158-159.

15 Für eine erste Information vgl.: Goffmann, E.: *Stigma.* Frankfurt/M. 1975; Rüther, W.: *Abweichendes Verhalten und "labeling approach."* Köln 1975; Schur, E. W.: *Abweichendes Verhalten und soziale Kontrolle.* Frankfurt/M. - New York 1974; Keupp, H.: *Abweichung und Alltagsroutine.* Hamburg 1976; Arbeitskreis junger Kriminologen: *Kritische Kriminologie.* München 1974; Keckeisen, W.: *Die gesellschaftliche Definition abweichenden Verhaltens.* München 1976²; Lamnek, S.: *Kriminalitätstheorien, kritisch.* München

vorlegen und vor allem ihre methodologische Bedeutung hervorheben. Mein Interesse an dieser sozialwissenschaftlichen Denkrichtung ist erwacht, als ich gemerkt habe, daß der naive Optimismus, von dem schon die Rede war, nicht nur von den raffinierten strukturalen Analysen eines M. Foucault in Frage gestellt wird, sondern auch vor allem von einer sehr konkreten Realität, nämlich von der *Einstellung der Bevölkerung* zur heutigen Organisation der Strafe.

Jeder weiß heute, daß die Vorstellungen und die Erwartungen der öffentlichen Meinung der Justiz gegenüber von einem Verständnis der Strafe geleitet sind, welches sicherlich weniger "progressiv" ist als dasjenige der Richter und Vollzugsbeamten. Diese Kenntnis begrenzt den Stellenwert der gedanklichen und der organisatorischen Reformbestrebungen und stellt sie in ein neues, kritischeres Licht.

Die Strafdeutungen, die uns von der *"Etikettierungsschule"* geliefert werden, können ein Instrument darstellen, mit dem die Strafwünsche und die Verbrechensvorstellungen breiterer Bevölkerungsschichten adäquater, als das bis jetzt der Fall war, erklärt werden können. Gleichzeitig glaube ich, daß es auch möglich ist, mit diesen Kategorien die Bedingungen für eine Überwindung dieser Strafvorstellungen und -wünsche zu formulieren.

Die Labeling-Perspektive geht zunächst von einem neuen breiten Verständnis des abweichenden Verhaltens aus. Letzteres wird als ein Handeln, das sich gegen historisch-reale Normenkomplexe orientiert, definiert. Kein Verhalten enthält in sich die Qualität des Abweichenden; vielmehr können gleiche Handlungen oder Verhaltensweisen sowohl konform wie abweichend sein, je nachdem wie Normen in einer Gesellschaft definiert und vor allem angewendet werden. So ist z.B. das unbezahlte Mitnehmen von Waren aus einem Laden zunächst ein Verhalten, welches keine besonderen Qualitäten aufweist. Erst die Verknüpfung dieses Geschehens mit mentalen Zuständen der Beobachter dieser Handlung führen zu einem Etikettierungsvorgang, der alle Interaktionen umfaßt, welche zwischen der Tat und dem Richterspruch liegen.

Ohne Beobachtung und Interaktion zwischen Täter und Umwelt in einer spezifischen Situation entsteht keine Definition eines Verhaltens als abweichend. Das Etikettieren eines Menschen als Außenseiter ist aber - und hier liegt die Originalität der Labeling - Perspektive - kein eindimensionaler Vorgang. Es handelt sich um ein Verhältnis zwischen Menschen, die sich wechselseitig definieren. Howard Becker, ein Pio-

---

1977.

nier dieser kriminologischen Schule, sagt das treffend:

> "Vom Standpunkt des Menschen aus, der als abweichend etikettiert wird, können jene Menschen Außenseiter sein, welche die Regeln aufgestellt haben, für deren Verletzung er für schuldig befunden wurde."[16]

So sind z.B. aus der Perspektive der Demonstranten von Zürich die Bankangestellten, die während 42 Stunden in der Woche an einem Schalter arbeiten, ganz komische Außenseiter und die Polizeibeamten, welche für Legalität sorgen sollten, ausgewiesene Kriminelle. Diese Wahrnehmung der Kriminalisierung als Definitionsprozeß hat für das Verständnis und für die Interpretation der Setzung von Strafrechtsnormen eine große heuristische Bedeutung.

Vor allem die Unterscheidung zwischen primärer und sekundärer Devianz kann helfen, zu einem differenzierten Verständnis der Kriminalität zu kommen. Primäre Abweichung wird von den Labelingskriminologen als eine Verhaltensweise definiert, die an nicht gesellschaftlich anerkannten und existierenden Normen orientiert ist. Sekundär abweichendes Verhalten hingegen ist ein Verhalten, das auf primär abweichendes Verhalten folgt und durch gesellschaftliche Reaktionen ausgelöst wird. Die Vollstreckung von Strafen allein, immer in dieser Perspektive, führt nicht notwendigerweise mechanisch zur sekundären Devianz.

Viele Kritiker der Etikettierungsthese haben vor allem den Vorwurf des Hyperrelativismus erhoben und darüber hinaus kritisiert, daß dieser Begriff der Kriminalität keine Operationalisierung erlaube.

Ohne auf diese Vorwürfe und Kritiken direkt einzugehen, glaube ich, daß die Devianzdefinition der Etikettierungsschule einen echten Beitrag liefert, um die bereits dargelegte optimistische Hypothese kritisch in Frage zu stellen.

Labelingskriminologen, Strafrechtsphilosophen und -theologen können einig sein in der Feststellung, daß die Wandlung der Straforganisation im Laufe der Neuzeit die *theoretischen* Legitimationen ihres Wirkens ausdifferenziert und plausibler gemacht hat. Man kann eher beobachten, daß im Mikrobereich des Alltagslebens die heutige Gesellschaft vielleicht "strafender" ist als die vorindustriellen Gesellschaftsformen. Plausible und, ethisch gesehen, angemessene Legitimationen des Straf-

---

16 Vgl. Becker, H.: *Außenseiter*. Frankfurt/M. 1981², 13.

vollzuges können in einem Geist vermittelt und durchgeführt werden, welcher der theoretischen Qualität der Argumentation der Strafentscheidung widerspricht. So können z.B. Vergeltungsideologie und -praxis ohne weiteres mit einem sozial-ethisch gut begründeten Urteil koexistieren.

Wenn man versucht, den Sinn dieser Beobachtung näher zu interpretieren, wird man zum Schluß kommen, daß die optimistische These einer ständigen Verbesserung und Humanisierung des Strafrechts ihre Grenzen in der harten Wirklichkeit der gesellschaftlichen Reaktion auf abweichendes Verhalten findet. Erst wenn Prozesse und Rituale der Stigmatisierung in gesellschaftlich relevante Versöhnungsvorgänge umgewandelt werden können, besteht die Chance, daß die gängigen Reden über die notwendige Resozialisierung des Täters einen echten Realitätsbezug erhalten.

2.3. Die provozierende geschichtliche Rekonstruktion Michel Foucaults und die verunsichernden Thesen der Labeling-Theorie können auf verschiedene Weise mit der Tradition der philosophischen und theologischen Strafrechtsbegründung in Beziehung gebracht werden.

Je nach wissenschaftstheoretischem oder fundamentaltheologischem Standpunkt kann man die beiden oben beschriebenen Ansätze entweder als irrelevant oder als höchst signifikant einstufen. Strenge Anhänger der sprachanalytischen Ethik werden Mühe haben, die normative Tragweite dieser Theorien anzuerkennen. Sie werden zu Recht behaupten, daß diese Aussagen deskriptiver Natur sind und daß sie aus diesem Grunde niemals direkt Grundlage eines normativen Werturteils sein können.

Es besteht aber die Möglichkeit, daß philosophische und/oder theologische Ethiker, welche eher eine andere Linie im Normenfindungsprozeß vertreten, die Möglichkeit einer Revision in der Strafbegründungsargumentation verteidigen, weil sie eine bestimmte Kontinuität zwischen Erklärungs-, Verstehens- und Legitimationsmustern postulieren. Auch viele Kriminologen glauben an die direkte Relevanz der Resultate ihrer Forschung für die Problematik der ethischen Begründung der Strafe, für die Strafrechtsform und für die Kriminalpolitik. Die Problematik der ethischen Rechtfertigung der Strafe ist also ein Ort, wo das allgemeine Thema der Relevanz der Humanwissenschaften für die ethische Urteilbildung exemplarisch angewendet werden kann.[17]

---

17 Als ersten Versuch vgl. Haferkamp, H.: *Herrschaft und Strafrecht, Theorien der Normentstehung und Strafrechtssetzung*. Opladen 1980.

These 2: Die neuzeitlichen Entwicklungen in der Theorie und in der Praxis der Strafe sind nicht als parallele Verbesserungsprozesse zu interpretieren. Wir stehen vielmehr innerhalb eines sehr komplexen Differenzierungsvorganges, welcher angemessenere Strategien der Humanisierung fordert.

3. Einige theologische Perspektiven

Es ist in diesem Rahmen nicht möglich, die bisherigen Überlegungen systematisch auf die Theologie zu übertragen. Da heute noch keine geordnete Rekonstruktion einer Theologie der Strafe vorliegt,[18] werde ich nur ganz unsystematisch einige theologische Themen erwähnen, die exemplarischen Charakter aufweisen.

3.1. Es scheint mir nützlich, zuerst auf den *systematischen Ort* der Thematisierung der Strafe als solcher innerhalb des Aufbaues einer theologischen Ethik hinzuweisen.[19]
In der Tradition der *katholischen Moraltheologie* findet man vor allem zwei Grundtypen der Systematisierung des ethisch-theologischen Diskurses, welche der Strafe je einen anderen Stellenwert zuweisen. Die *mittelalterlich-scholastische* Einordnung und Eingliederung der ethischen Materie in ein "Tugendschema" behandelt die sogenannte "weltliche Strafe" im Rahmen der Gerechtigkeitslehre. Diese Art, das Problem der Legitimität der Strafe zu thematisieren, bringt sicherlich einige Nachteile mit sich. Gesellschaftliche Vorgänge und Institutionen werden in ihrer Komplexität und ethischen Relevanz nicht angemessen erfaßt. Andererseits, da die Realisierung der Gerechtigkeit im Zentrum aller Überlegungen zur Strafe steht, wird die Gefahr der theologischen Verherrlichung der Institution (Staat, Justiz oder was immer), welche Strafe ausübt, geringer.
Diese Gefahr der Ideologisierung wird in der *nachtridentinischen Gebotsmoral,* die den Dekalog als Aufbauschema benützt, viel größer. Hier, vor allem in den Handbüchern, die eher für die Beichtpraxis

---

18 Vgl. Kurze, K. H.: *Theologische Aspekte der Kriminalstrafe*. Bonn 1978 (Diss.).

19 a.a.O. 198-268.

geschrieben wurden, wird der Wille Gottes in einzelnen Geboten so direkt und undifferenziert verobjektiviert, daß eine Gottesvorstellung im Sinne eines autoritären und willkürlichen Gesetzgebers eindeutig begünstigt wird. Göttliches Gericht und menschliche Rechtsprechung bedienen sich der gleichen Terminologie und scheinen oft notwendigerweise aufeinander bezogen zu sein.[20]
Gleichzeitig und parallel dazu herrscht auf *protestantischer* Seite, vor allem in der lutherischen Auslegung der Reformation, eine mechanische (und von *Luther* selbst kaum vertretene) Auffassung der "Zwei-Reiche-Lehre." In dieser Perspektive erscheint der Staat vor allem als Hüter einer gottgewollten Ordnung, der daher berechtigt ist, zu deren Aufrechterhaltung seine Macht einzusetzen.

> "Nicht wir, die Sünder", so behauptet etwa P. Althaus, "nehmen uns heraus, im eigenen Namen der 'Gesellschaft' Brüder zu strafen, sondern wir verwalten ein Amt, eine Autorität im Namen Gottes ... ."[21]

3.2. In beiden theologischen Ansätzen, auch wenn sie konfessionell unterschiedlich gelagert sind, sind die theonome Legitimation des Staates und der Autorität und die theonom begründete Vergeltungsstrafe aufeinander bezogen. Im Gegensatz dazu lautet die

> These 3: Die christliche Qualität und Angemessenheit der ethisch-theologischen Argumente, welche in Zusammenhang mit dem Strafbegründungsverfahren gebracht werden, sollten an ihrem Beitrag zur Entpotenzierung der Vergeltungs- und Staatsallmachtsideologie gemessen und beurteilt werden.

Damit eine solche theologische Leistung vollzogen werden kann, müssen verschiedene theologische Vorstellungen, die um die Souveränität

---

20 Für die geschichtliche Entwicklung vgl. *Die weltliche Strafe in der evangelischen Theologie*. Hrsg. von H. Dombois. Witten 1959. Darin vgl. vor allem den Beitrag von T. Rendtorff: *Die Begründung des weltlichen Strafrechts in der theologischen Ethik seit Schleiermacher*, 9-97.

21 Althaus, P.: *Grundriß der Ethik*. Erlangen 1931, 101.

Gottes kreisen, tiefgreifend revidiert werden. Dies bedeutet aber nicht, daß der theologisch motivierte Ethiker enthusiastisch und undifferenziert die sogenannte "Resozialisierungsthese" übernehmen soll.
Abgesehen von der Tatsache, daß jede Sozialisierungsvorstellung von vielen gesellschaftsbezogenen Ideologien behaftet ist und deswegen zu hinterfragen wäre, glaube ich, daß jedes Plädoyer für echte Resozialisierung auch die Dimension des *Schuldhaften,* sogar des *Sündhaften* enthalten sollte. In der Tat ist manchmal diese Vorstellung der Resozialisierung ethisch "neutral" oder will mindestens nicht moralisierend sein. Wenn man auf jede Analogie zwischen der juridischen und der ethischen Schuldauffassung verzichtet, wird jede Sozialisierungsmaßnahme zu einer Anpassungstechnik an die bestehende Gesellschaft.[22]

3.3. Im Gegensatz dazu meine ich:

> These 4: Genuin theologisch verstandene Schuld eröffnet und ermöglicht eine Auffassung von Sozialisierung, die auf je eine spezifische Art betroffen und verantwortlich macht: den Täter, das Opfer und die beobachtende und verurteilende gesellschaftliche Umgebung.

Dies bedeutet nicht, daß mit der Kategorie der "Sünde" (theologisch interpretierte Schuld heißt ja Sünde) eine Art Generalfreispruch für alle und alles ausgesprochen wird. Vielmehr wird göttliche Gerechtigkeit vor jeder Vermischung mit menschlicher Justiz bewahrt.
Es bleibt immer schwierig, in dieser Welt auf Sündenböcke zu verzichten. Gegenseitige Stigmatisierung ist der kürzeste Weg, um sich auf der rechten Seite wohlzufühlen, ohne sich selbst zu hinterfragen. Der Verzicht auf den Sündenbock und der entschiedene und organisierte Wille zur Versöhnung wird immer mehr zu einer heiklen Angelegenheit. Die Christen aber wissen, daß Versöhnung in der Welt ein für allemal schon stattgefunden hat. Sie brauchen nur die exemplarische Praxis Jesu am Kreuz mit entschiedener Phantasie zu verlängern.

---

22 Vgl. Die Diskussion zwischen der Juristin H. Kaufmann und dem theologischen Ethiker D. Mieth in: Theol. Quartalsschrift (1980) 176-191.

Theologisch motivierte Bemühungen für eine Strafrechtsreform sollten alle Schritte bevorzugen und unterstützen, welche Interaktionen der gegenseitigen Anerkennung zwischen Straffälligen, Justiz- bzw. Vollzugspersonal und Öffentlichkeit begünstigen. Der Christ, der sich als *"simul justus et peccator"* versteht, soll jeden Straffälligen als "Nächsten" erfahren können. Damit dies möglich wird, versucht er alle unnötigen Rituale der Isolierung und der Etikettierung innerhalb und außerhalb der Vollzugsanstalten zu beseitigen. In diesem zur Praxis ermunternden Verständnis jedes einzelnen Menschen als Sünder und Gerechten zugleich liegt vielleicht die Spezifität einer christlichen Grundvorstellung der Strafrechtsreform.

X. DIE TODESSTRAFE: EINE ETHISCH-THEOLOGISCHE STELLUNGNAHME

Wenn man vor einem Publikum von Christen* und erst recht vor militanten Gegnern und Gegnerinnen der Folter über die Todesstrafe sprechen soll, glaubt man zuerst, die Sachlage sei völlig klar und brauche nicht weiter problematisiert zu werden. Es scheint völlig selbstverständlich, wenn man doch alle Formen der Folter und gesetzwidrigen Haft bekämpft, daß man auch gegen die moralische Berechtigung der Todesstrafe eintritt.

Ich sage Ihnen offen, daß ich an diesen Automatismus nicht glaube. Natürlich besitze ich keine Statistiken über die Meinungen von Mitgliedern christlicher Gruppierungen, aber die Resultate demoskopischer Untersuchungen zeigen deutlich genug, daß der religiöse Faktor, wenn er die Meinung nicht *gegen* die Todesstrafe beeinflußt, manchmal fast eine Stellungnahme *für* die Todesstrafe verstärkt.[1] Diese Spannung zwischen vorausgesetzten ethischen Idealen und effektiver Haltung einer Bevölkerung, die sich "christlich" nennt, entsteht nicht nur aus sozialen Ursachen und/oder Vorurteilen. Theologische Lehren, theologische und konfessionelle Traditionen, wie sie sich während der 2000-jährigen Geschichte des Christentums entwickelt haben, spielen in der Entstehung und Verfestigung von Meinungen und Stellungnahmen eine Rolle, die man nicht unterschätzen darf. Die Geschichte christlicher Ethik ist voll von zwiespältigen Fakten, ja sogar Widersprüchen, die auf eine Reihe von sehr komplexen Ursachen zurückzuführen sind.

- All dies macht es notwendig, zuerst die historischen Grundelemente zu rekonstruieren, die unsere Einstellung zur Todesstrafe noch heute beeinflussen.

---

* Dieser Text geht auf einem in Neuenburg am 9 Mai 1987 gehaltenen Vortrag anläßlich der Generalversammlung der ACAT (Action des chrétiens contre la torture) Schweiz zurück.

1 Vgl. in dieser Hinsicht einige soziologische Untersuchungen Corbetta, P. - Parisi, A.: *L'opinione pubblica italiana di fronte alla pena di morte,* in: Il Mulino 32 (1983) 87-110; Sellin, Th.: *Les débats concernant l'abolition de la peine capitale. Une rétrospective,* in: Déviance et société 5 (1981) 97-112; Egon, S.: *Die Einstellung zur Todesstrafe. Die Bedeutung von schichtspezifischer Sozialisation und von Persönlichkeitsmerkmalen,* in: Z.f.g.S. 27 (1977) 1046-1067.

- Zum zweiten müssen wir versuchen, die Argumente, welche immer wieder vorgebracht werden, um diese Strafe entweder zu verteidigen oder abzulehnen, zu systematisieren.

- In einem dritten Teil, nachdem wir uns deutlich gegen die moralische Berechtigung der Todesstrafe ausgesprochen haben, werden die Elemente einer die Todesstrafe ablehnenden Praxis im kollektiven Denken und in der Rechtspraxis skizziert.

1. Ethnologisch-juristische Phänomenologie

Die Existenz von zum Tode führenden Strafen ist bei einer großen Zahl von Völkern und Zivilisationen bezeugt. Diese Tatsache gibt dem Phänomen, das man etwas übereilt "Todesstrafe" nennt, einen Anschein von fast automatischer Evidenz. Letztere ist erst seit der Aufkärung in der europäischen Gesellschaft in Frage gestellt worden.
Man muß aber zwischen der rechtlichen Institution der Todes-*strafe* und anderen tödlichen Sanktionen, wie sie in prähistorischen Gesellschaften vorhanden sind und von den Ethnologen als *"Rache"* bezeichnet werden, unterscheiden.[2] Jenseits aller Unterschiede geographischer und kultureller Art zwischen verschiedenen Völkern und Stämmen bildet die Institution der Blutrache einen gemeinsamen Faktor, der die prähistorischen Gesellschaften von den Gesellschaften mit einem geschriebenen Strafrecht abhebt.
Die *Blutrache* wird hauptsächlich an Männern und Frauen außerhalb des eigenen Familienverbandes (Clans) ausgeübt. Innerhalb der Familie oder des sozialen Verbandes findet man kaum je die Blutrache. Andererseits trifft sie aber, wenn es sich nicht anders vermeiden läßt, auch "unschuldige" Glieder des feindlichen Clans. Die Blutrache wird als eine heilige Pflicht verstanden, durch welche man den Zorn der Götter und der Schutzgeister besänftigt oder das vergossene Blut sühnt. Wegen dieser Grundmotivaton scheint es mir falsch, hier von einer *Strafe* durch den Tod zu reden. Strafe hat spezifische Eigenschaften, welche erst mit einem Entwicklungsprozeß im rechtlichen Denken innerhalb des Clans in Erscheinung treten.

---

2 Zum Letztgenannten vgl. vor allem die von Raymond Verdier unter dem Titel *La vengeance. Etudes d'ethnologie, d'histoire et de philosophie*. Paris 1980-1984, 4 Bde., herausgegebene Studienfolge.

Das Strafrecht tritt erst mit dem Beginn der Delegation der richterlichen Gewalt auf stabile, persönliche Instanzen in Erscheinung. Diese richten öffentlich nach einem zunehmend gleichen, geregelten Verfahren. Langsam entsteht so der *Prozeß,* das heißt ein Verfahren mit zum vornherein bestimmten Rollen zur Erreichung einer Entscheidung. So wird die Kasuistik immer feiner, für besondere Fälle werden Ausnahmen vorgesehen, welche, wiewohl manchmal erst implizit, das Bewußtsein *persönlicher Verantwortung* voraussetzen.[3]
Diese Entwicklung scheint mir vom Standpunkt der Ethik her gesehen entscheidend zu sein und in der Geschichte der Menschheit nicht mehr rückgängig zu machen. Diese Entwicklung ist auch in dem privilegierten Zeugnis, das wir als Gläubige *die Heilsgeschichte* nennen, d. h. in den Schriften der Bibel, vorhanden. Wir wollen also unsere Aufmerksamkeit auf diese Schriften richten, um darin die Existenz von verschiedenen Traditionen und sich kreuzenden Gedankenströmungen zu entdecken, welche alle für unsere jüdisch-christliche Identität wichtig sind.

2. Die biblischen Zeugnisse

Ein objektives Studium der biblischen Schriften zeigt uns, daß darin dem Thema der Todesstrafe keine zentrale Bedeutung zukommt, sondern daß sie als eine *rechtliche Institution* erscheint, die im AT selbstverständlich ist und im NT nur gelegentlich erwähnt wird. Diese Feststellung bringt uns alle, Theologen, Ethiker und Christen, die über ihren Glauben nachdenken, dazu, jede Form von *Biblizismus* zu vermeiden, d. h. nicht eine vorgefaßte Position als "typisch biblisch" oder "spezifisch christlich" untermauern zu wollen, indem man sie mechanisch von einer zufällig gewählten Bibelstelle ableitet.

---

3 Zur ethischen Interpretation des Entwicklungsprozesses des Rechts vgl. Eder, K.: *Die Entstehung staatlich organisierter Gesellschaften.* Frankfurt/M. 1976; Tugendhat, E.: *Zur Entwicklung von moralischen Begründungsstrukturen im modernen Recht,* in: ARSP, Beiheft NF 14 (1980) 1-20; Wesel, U.: *Frühformen des Rechts in vorstaatlichen Gesellschaften.* Frankfurt/M. 1985, und den Sammelband *Entstehung und Wandel rechtlicher Traditionen.* Freiburg i.Br.- München 1980.

2.1. Die Hauptlinien im Alten Testament

In den Schriften des AT wird die Todesstrafe als ziemlich gebräuchlich bezeugt. Man bezieht sich dabei hauptsächlich auf das, was man "Blutrache" nennt. Nach Genesis 4,10b-11 sind die Verwandten eines Ermordeten verpflichtet, das vergossene Blut zu rächen, denn dieses schreit nach Rache bei Gott.[4] Man kann auf diese Pflicht verzichten, indem man den Totschläger fliehen läßt, aber nur, wenn dieser unfreiwillig oder fahrlässig getötet hat.

Wenn man die Bücher des Pentateuchs kritisch studiert, zeigt die Geschichte des Volkes Israel, wie mit der Einführung des geschriebenen Rechts immer stärker und differenzierter ein bestimmter Rechtsprozeß an die Stelle der Sippenrache tritt. So wird das Fällen der Todesstrafe immer mehr den Regierenden allein überlassen und der Kompetenz von Familien- und Stammeshäuptern entzogen.

Die deuteronomischen Schriften zeigen mehrere Beispiele von dieser Entwicklung des Rechtsbegriffes bei der Strafe. So wird die Rache für den absichtlichen Totschlag, die schon in Gen 9,5-6[5] vorgesehen ist, durch das "zweite Gesetz" (eben das Deuteronomium) in kasuistischer Weise ergänzt, indem der Götzendienst und die Gotteslästerung, schwere Fälle der Sabbatsmißachtung, Rebellion gegen die eigenen Eltern, qualifizierte Fälle von Ehebruch der Frau, wie auch der Inzest, die Sodomie und Bestialität als todeswürdige Verbrechen genannt werden. Was uns hier interessiert, sind nicht so sehr diese Tatbestände als vielmehr die Art der Argumentation, die im Deuteronomium vorgebracht wird, um die Todesstrafe zu rechtfertigen. Dabei ist die Tatsache von Bedeutung, daß das Volk vor Jahwe rein bleibt und sich von allem entfernt, was die Bundestreue zwischen Gott und seinem Volk stören könnte.[6]

Auch das *Talionsgesetz* (Auge um Auge, Zahn um Zahn) muß in diesem besonderen theologischen Zusammenhang gesehen werden. Es darf nicht als Ausdruck blinder Grausamkeit verstanden werden, sondern im Gegenteil als ein Schritt auf die Humanisierung der Rache zu. Diese wird darauf beschränkt, nicht maßlos zu reagieren, sondern das geschehene Böse als Maß oder Bezugspunkt für die Strafe zu beachten.

---

4 "Horch, das Blut deines Bruders schreit mir empor vom Ackerland. Und nun - verflucht bist du, verbannt vom Ackerland, das seinen Mund aufgetan hat, aus deiner Hand das Blut deines Bruders zu empfangen."

5 "Wer Menschenblut vergießt, dessen Blut soll auch durch Menschen vergossen werden."

6 Vgl. vor allem Dtn 13, 6-12.

Das Talionsgebot erlaubt auch eine *individualisierte* Anwendung der Strafe, indem es verbietet, mit der Strafe auch Unschuldige aus dem anderen Clan zu treffen. Das Prinzip der individuellen Schuld beginnt in das Denken und in die Sitten einzudringen.[7] Um andere Mißbräuche bei der Todesstrafe zu verhindern, ohne dem Prinzip der Blutrache untreu zu werden, führt man auch eine Art *Asylrecht* ein. (Es erinnert an die bei gewissen Nomaden gültige Regel, daß man Verfolgte "in sein Zelt aufnimmt.") Dazu kommen die Zufluchtsorte.[8] In der prophetischen Literatur bleiben zwar noch viele Elemente der alten Vorstellung einer "kollektiven Verantwortung", andererseits aber auch solche, die für die Zukunft nur eine "persönliche Verantwortung" verkündigen.[9] Das Spätjudentum wird mehr und mehr Zurückhaltung bei der Anwendung der Todesstrafe üben. Es gibt Zeugnisse von verschiedenen *Synhedria* (jüdischen Gerichten), die zeigen, daß sie stolz darauf sind, daß sie die Todesstrafe nur sehr selten oder gar nie angewandt zu haben.[10]

Was mir nach dieser kurzen Übersicht über Elemente der alttestamentlichen Literatur wichtig scheint, ist die Tatsache, daß der Prozeß der Individualisierung und Verrechtlichung, welcher von der Familienrache zu dem führt, was man normalerweise *Todesstrafe* nennt, nicht nur in Israel und im Zusammenhang mit seiner religiösen Erfahrung des Glaubens an Jahwe als den Führer seiner Geschichte vorkommt. Diese rechtliche und gleichzeitig ethische Entwicklung gibt es bei verschiedenen Völkern und Gesellschaften, die vom Nomadentum zum seßhaften Leben in Städten übergegangen sind. Das heißt nun aber nicht etwa, der Glaube an den Gott des Bundes habe im religiösen und ethischen Bewußtsein des Volkes Israel keine produktive und positive Rolle gespielt. P. Rémy, der über dieses Problem[11] eine sehr interessante Studie geschrieben hat, unterstreicht vor allem die *stabilisierende* und *reinigende* Rolle, die von der religiösen Überzeugung, in einem Bund mit Gott zu leben, auf das erwählte Volk Israel ausgeübt wurde.

---

7 Vgl. Paralleltexte Dtn 19, 21 und Ex 21, 23-25.

8 Vgl. 1 Kön 1, 50-53 und 1 Kön 2, 28-35.

9 Also innerhalb des gleichen Buches vgl. Jer 18, 21-23 und 31, 29.

10 Vgl. so die Berichte in: Strack-Billerbeck, I, 261.

11 Vgl. Rémy, P.: *Peine de mort et vengeance dans la Bible*, in: Science et Esprit 19 (1967) 323-350.

2.2. *Das Neue Testament*

Wenn man von Römer 13,4 absieht, reden die Schriften des NT nicht ausdrücklich von der Todesstrafe als einem ethischen Problem, sondern erwähnen nur ihre Existenz.[12] Das neue Element in den neutestamentlichen Schriften besteht nicht so sehr im Aufweis einer neuen Ethik, das heißt eines Systems von anderen Normen, als eher in der radikalen Infragestellung des "Blutpreises." Die an biologische oder/und kosmische Elemente appellierende Denkweise wird durch die Botschaft Jesu, wie wir sie aus der synoptischen Tradition kennen, endgültig desakralisiert. Jesus schlägt eine neue Strategie zur Überwindung des Bösen vor, indem er nicht mehr an blutige Gewalt appelliert, sondern eine Gemeinschaft ins Zentrum stellt, die von der Liebe lebt, welche Freunde und Feinde umschließt. Die Bergpredigt verneint die Berechtigung des Talionsgesetzes nicht auf eine kasuistische Weise, indem sie es durch ein neues Norm-Rezept ersetzt, sondern dadurch, daß sie die Tiefe der vergebenden Liebe Gottes aufzeigt, die uns sagt, daß auch unter den Menschen in dieser Welt Vergebung möglich ist.[13] Die Liebe Gottes, die in seinem Reich verwirklicht wird, schützt jedes Opfer der menschlichen Gewalt und hat es nicht nötig, den Angreifer zu vernichten. Gottes Gericht ist voll Erbarmen und relativiert jedes menschliche Urteil und jeden damit verbundenen absoluten Anspruch.[14]
Im Neuen Testament scheint jedoch Römer 13 eine größere Schwierigkeit für unsere Problematik darzustellen, weil dieser Text die Macht der weltlichen Obrigkeit über Leben und Tod aller, welche das Recht brechen, zu legitimieren scheint. In diesem Rahmen ist es sicherlich unmöglich, auch nur ein paar wenige Elemente der Interpretation zu einem Text zu geben, der durch 20 Jahrhunderte soviel Tinte hat fließen lassen wie dieser. Zudem ist dieser Text von seiner *Wirkungsgeschichte*[15] belastet, die er direkt oder indirekt provoziert hat, sei es im theologischen und politischen Denken, sei es im praktischen Verhalten vieler Generationen von Christen.[16] Wenn man sich von diesen Folgen distanziert und den Text selbst ansieht, wird er auf seine direkte normative Bedeutung zurückgeführt. Paulus hat nicht im Sinn, ein für alle-

---

12 Vgl. Joh 8: Jesus und die Ehebrecherin.

13 Vgl. vor allem Mt 5, 38-39 und Lk 6, 29-30

14 Vgl. Mt 7, 1-7/Lk 6, 37-38. 41-42.

15 Zu diesem sehr komplexen Problem vgl. Gadamer, H. G.: *Wahrheit und Methode*. Tübingen 1965².

16 Pohle, L.: *Die Christen und der Staat nach Römer 13*. Mainz 1984.

mal die Todesstrafe zu verteidigen. Vielmehr will er die leicht enthusiastisch werdenden Christen, die schon glauben, das Versprechen vom kommenden Reich dispensiere sie von ihren Bürgerpflichten, zurückrufen und ihnen sagen, sie müßten bis zur Wiederkehr noch *unter dem Gesetz* leben, d. h. unter Bedingungen, die eine Gesellschaft eben bilden. Dazu gehört auch die Pflicht, Steuern zu zahlen. Nach der Meinung mancher Exegeten ist es dieses Problem, das den Anlaß für Römer 13 gegeben hat. Paulus will auch keine *politische Theorie* für seine Gemeinden vorschlagen. Er inspiriert sich an der populärstoischen Philosophie und anderen Philosophien, die im ersten Jahrhundert viel galten, aber er stellt sie in den Dienst einer richtigen Haltung der Christen gegenüber der Welt und ihren Strukturen.[17]

Was für Schlüsse soll man aus dieser sehr kurzen Darstellung über die neutestamentlichen Texte ziehen? Man kann in der Tat weder behaupten, daß das NT die Todesstrafe rechtfertigt, noch daß es sie direkt verbietet. Was die synoptische Tradition energisch bestätigt, ist, daß der Christ im Blick auf das Reich Gottes seine Hoffnung nicht auf die Kräfte der rächenden Gerichtsbarkeit setzen soll, welche auf dem Talionsgesetz beruht, sondern daß er sein Vertrauen auf die Kraft des *Rechtsverzichts* setzen soll. Die Vergebung und die Feindesliebe zeigen die Logik des Gottesreichs. Die Gerechtigkeit Gottes, die alle Rechnungen übersteigt, verdrängt die Vergeltungslogik der menschlichen Gerechtigkeit. Diese Elemente des Neuen, welche die Botschaft Jesu gebracht hat und die wir aus der synoptischen Tradition kennen, dürfen uns aber nicht zu einer Art Biblizismus verleiten, der vom neutestamentlichen Text direkte Normen abzuleiten versucht. Andererseits bedeutet es aber auch nicht, daß die ethischen Forderungen, die mit dem Reich verbunden sind, bloße Ratschläge darstellen, welche für die Jünger Jesu nur fakultativ gelten. Es handelt sich um eine radikale ethische Forderung, die Wirklichkeit werden muß, zwar erst teilweise und unvollständige Wirklichkeit, trotzdem aber notwendige, um dem Reich, welches *schon da* und *noch nicht* vollzogen ist, eine Dichte zu geben.

---

17 Ich beziehe mich hier auf die Ergebnisse der exegetischen Forschung, gefunden vor allem bei: Blank, J.: *Die Glaubensgemeinde im heidnischen Staat. Zur Vorgeschichte von Röm. 13, 1-7*, in: Ders.: *Schriftauslegung in Theorie und Praxis*. München 1969, 174-186; Käsemann, E.: *Grundsätzliches zur Interpretation von Röm. 13*, in: Ders.: *Exegetische Versuche und Besinnungen I*. Göttingen 1968, 204-222; Schrage, W.: *Die Christen und der Staat nach dem NT*. Gütersloh 1971. Eine Synthese: Petraglio, R.: *Obiezione di coscienza*. Bologna 1985.

3. Ethisch-theologische Stellungnahmen in der Geschichte der Theologie und der Kirchen

Es ist unmöglich, hier auch nur eine knappe Bilanz der zwanzig Jahrhunderte von theologischen, ethischen und juristischen Streitigkeiten und Überlegungen unter Christen zur Todesstrafe zu erstellen. Ich werde mich darauf beschränken, einige Linien aufzuzeigen, um so Ereignisse und Persönlichkeiten hervorzuheben, die heute noch für unsere eigene ethische und politische Diskussion über die Legitimität, Opportunität und Notwendigkeit der Todesstrafe Bedeutung haben.

3.1. Die Zeit der Kirchenväter

Jene ersten Jahrhunderte des Christentums stehen uns besonders nahe, denn dort finden wir, selbst in einem vom unsrigen sehr verschiedenen Kontext, Stellungnahmen, die unsere Sympathie durch ihre sehr deutliche Verweigerung der Legitimierung jeglicher Gewalt erwecken, selbst jener Gewalt, die von einer staatlichen Autorität ausgeübt wird. Bei einigen kämpferischen Anhängern der Abschaffung der Todesstrafe verwandelt sich diese natürliche und verständliche Sympathie in einen apologetischen Umgang mit jenen Texten, und sie gewinnen dabei ein "absteigendes" Geschichtsbild des Christentums: von "reinen und harten" Ursprüngen auslaufend in eine fortschreitende Dekadenz der evangelischen Ideale.
Obschon ich kein Spezialist der frühchristlichen Literatur bin, erlaube ich mir, die Tragweite jener Texte kurz zu beleuchten. Bei Autoren wie Tertullian, Minucius Felix, im Kanon des Hippolytus und bei Laktanz findet man oft Aussagen, wonach das Verbot zu töten nicht nur dem einzelnen gilt, sondern auch der Behörde. So werden das römische Strafrecht und auch die militärischen Institutionen kritisiert. Hören wir Laktanz:[18]

> "Es gehört sich nicht, Gesellen und Verbündete dieses öffentlichen Mordes zu sein, wenn man sich bemüht, den Weg der Gerechtigkeit einzuhalten. Gott verbietet nicht nur das Töten und Stehlen, was auch von den allgemeinen Gesetzen verboten ist, er lädt uns auch ein, Dinge zu lassen, welche die Welt für recht hält. So

---

18 Vgl. Lactantius, F.: *Divinæ Institutiones*, VI, 20, in: CSEL 19, 558 (Übersetzung vom Verfasser).

> wäre es den Soldaten, deren Dienst doch der Ausdruck der Gerechtigkeit selbst sein müßte, gestattet, jemand durch das schlimmste Verbrechen anzugreifen, denn es gibt keinen Unterschied zwischen dem Töten durch das Wort oder das Schwert, der Mord ist immer verboten, deshalb darf man keine Ausnahme zu diesem göttlichen Gebot machen."

Auch wenn das Zeugnis der vorkonstantinischen Theologen klar und bekannt ist, erscheint dessen Interpretation aber recht schwierig, und diese Tatsache verbietet uns eine übereilte Aktualisierung.
Die historisch-kritische Forschung über diese Texte, welche besonders seit A. v. Harnack vorangekommen ist,[19] unterstreicht das polemische Element. Die Theologen wollten vor allem die heidnischen Gebräuche und den Kaiserkult in Frage stellen. Sie überlegten sicherlich nicht von heutigen Perspektiven aus. Sie waren hauptsächlich von der Erwartung des Reiches beeinflußt, dessen Erfüllung sie in unmittelbarer Nähe glaubten. Dies darf uns aber nicht zu einer minimalistischen Interpretation führen, welche besagen würde, daß diese Texte für unsere christlichen Gemeinden des 20. Jahrhunderts keine Bedeutung mehr hätten.
Die Schriften der folgenden Jahrhunderte, das heißt des konstantinischen Zeitalters zeigen, daß die Vorstellung von Zeit und Ewigkeit, d. h. die Philosophie, die man vertritt, indirekt auch die jeweilige Vorstellung vom Staat und seiner Zuständigkeit formt. Das konkrete Problem der Todesstrafe reiht sich deshalb in den allgemeineren Diskurs der politischen Ethik ein. Dabei stellen wir fest, daß im vierten Jahrhundert die Beziehung von Staat und Kirche sich radikal verändert hat.
Der Staat wird als *"instrumentum regni"*, als mögliches Werkzeug für das Kommen *(adventum)* des Gottesreiches, verstanden. Dieser Zusammenhang erklärt die Unsicherheit einiger Theologen gegenüber der Todesstrafe und den Versuch, sie durch die Intervention der Kirche und ihrer Bischöfe zu mäßigen.
Als ein Beispiel unter vielen möchte ich *Augustinus* anführen, der in *De*

---

19 Zur Information über dogmengeschichtliche Forschungen und zur christlichen Praxis der ersten Jahrhunderte vgl. Harnack, A. v.: *Militia Christi.* Tübingen 1905; Cancik, H.: *Christentum und Todesstrafe. Zur Religionsgeschichte der legalen Gewalt,* in: Angst und Gewalt. Ihre Präsenz und ihre Bewältigung. Hrsg. von H. von Stietnaar. Düsseldorf 1979, 312-251, und vor allem Schöpf, B.: *Das Tötungsrecht bei den frühchristlichen Schriftstellern.* Regensburg 1958.

Civitate Dei[20] (Vom Gottesstaat) die Züge einer politischen Ethik im spätrömischen Reich darstellt. In bezug auf Römer 13 stellt Augustin das Recht des Staates, das Schwert gegen die Übeltäter zu gebrauchen, nicht in Frage, aber er will diese Macht über Leben und Tod durch die *Intervention des Bischofs* gemäßigt haben. Er schreibt an einen Magistraten:

> "Eure Strenge ist nützlich, denn sie sichert unsere Ruhe. Unsere Fürbitte ist nützlich, denn sie mäßigt Eure Strenge."[21]

Aber Augustin ist aus einem anderen Grund für die Geschichte unseres Problems wichtig. Er ist der erste, der ausdrücklich ein neues Kriterium zur Rechtfertigung der Todesstrafe einführt, indem er mit Überzeugung darlegt, daß es eine Aufgabe der politischen Macht sei, der Kirche in ihrem Kampf gegen die Häretiker zu helfen.
Ich will hier diese Behauptungen nicht diskutieren - sie erfordern eine genaue Exegese -, ich will nur unterstreichen, daß dieses Argument Augustins in den späteren Jahrhunderten einen *gewaltigen Einfluß* haben wird und ein Tragpfeiler dessen sein wird, was man den *"politischen Augustinismus"*[22] genannt hat. Die Todesstrafe ist nicht nur zu einer ethisch legitimen, sondern zu einer selbstverständlichen Institution geworden.

3.2. Das Mittelalter

Hier befinden wir uns im Zeitalter der "Christenheit", welche ein System von Ideen und Institutionen darstellt, die sich als christlich verstehen. In diesem Zusammenhang überleben die alten Vorbehalte gegenüber der Todesstrafe nur noch in einer Art Arbeitsteilung zwischen kirchlichen und weltlichen Autoritäten. *"Ecclesia non sitit sanguinem"*,[23] sie ist nicht blutdürstig, sie soll nicht direkt mit der Exekution zu tun haben, sondern sich darauf beschränken, die Fälle, die sie betreffen, wie etwa die Häresie, zu beurteilen und die Ausführung der

---

20 Vgl. die Ausgabe des Artemis Verlags, Zürich 1955.

21 Brief 153. Zu den Gedanken Augustins über dieses Thema vgl. Blazquez, N.: *La pena de muerte segun Agustin.* Madrid 1977.

22 Zu diesem sehr komplexen Thema vgl. Arquillère, H.X.: *L'augustinisme politique.* Paris 1955.

23 Vgl. dazu das *Handbuch für Rechtsgeschichte*, 795-798.

Strafe dem weltlichen Arm zu überlassen.
Aber auch im Mittelalter gibt es noch Anzeichen dafür, daß der Zweifel daran nicht ganz ausgestorben ist. Die Kirche manifestiert zwar keine offene Opposition gegen die Todesstrafe mehr, aber es gibt *kleine kirchenrechtliche "Reste"*, die zeigen, daß ein gewisses Unbehagen in bezug auf diese Einrichtung noch vorhanden ist. Ich zitiere nur ein paar Beispiele:

- In einem Brief an die Bulgaren freut sich Papst Nikolaus I darüber, daß dieses Volk in seinen Gesetzen die Folter und die Todesstrafe nicht vorgesehen hat.[24]

- Anno 1190 verbot eine in Rouen tagende Synode, daß man Prozesse, die mit einem Todesurteil enden konnten, in kirchlichen Gebäuden abhielt, und sie untersagte auch den Klerikern, an Duellen und Turnieren teilzunehmen.

Aber wie gesagt, handelt es sich hier nur um *Zeichen des Unbehagens.* Eine radikale Infragestellung der Gewalt des Schwertes finden wir nur bei häretisch genannten Gruppen, z.B. bei den Katharern oder den Waldensern. Direkte und ausführliche Zeugnisse über die von solchen Bewegungen gebrauchten Argumente über die Grenzen der Macht des Souveräns sind leider alle verloren. Was wir wissen, stammt aus indirekten Quellen, von Gegnern, welche in ihren Schriften dasjenige zurückweisen, was sie angeblich für die Ansicht solcher Bewegungen halten. So kennen wir die Einstellung der Waldenser aus dem indirekten und sicher nicht neutralen Zeugnis des *Alain de Lille,* der über sie sein *"Contra hæreticos"* verfaßt hat, in welchem unser Problem in extenso diskutiert wird.[25] Auch die akademische Theologie, die sich vom 13. Jahrhundert an in den Universitäten der Städte entwickelt hat, nimmt diese polemische Stellung gegen den waldensischen Radikalismus wieder auf und gibt ihr eine systematische Form, welche noch lange in den Handbüchern der Ethik aller christlichen Konfessionen erscheint.
Einer der bedeutendsten Zeugen ist sicher *Thomas von Aquin,* der die voluntaristische Perspektive Augustins überschreitet (nach welcher es erlaubt und sogar nötig wäre, jedesmal, wenn Gott es gebietet, zu töten), um zu einer rationalistischeren und weltlicheren Bewertung des

---

24 Text in PL 119, 978.

25 Alanus ab Insulis: *Contra hæreticos,* PL 210, bes. 594-599.

Problems überzugehen. Die Darstellung des Thomas ist von großer Klarheit, wenn sie auch aus Gründen, die wir im Versuch einer globalen und systematischen Auswertung wieder aufnehmen werden, sehr anfechtbar erscheint. In seiner *"Summa contra Gentiles"* betont Thomas aufs schärfste:

> "Das Gemeinwohl steht höher als das Eigenwohl einer einzelnen Person. Man muß vom Eigenwohl etwas wegnehmen, um das Gemeinwohl zu bewahren. Das Leben einiger verpesteter Menschen verhindert das Gemeinwohl. Also......"[26]

Das Mittelalter hat aber deswegen die voluntaristischen Elemente der Augustinischen Tradition nicht vergessen. Dabei kann die Erinnerung an die Forderungen des *göttlichen Willens* auch eine begrenzende Rolle bei der Anwendung der Todesstrafe spielen. Das ist der Fall beim franziskanischen Theologen *Duns Scotus,* der sich in jedem nicht in der göttlichen Offenbarung vorgesehenen Fall, wie bei Diebstahl oder Ehebruch, gegen die Todesstrafe stellt. Diese Praxis wurde im späteren Mittelalter üblich, und der Protest des Scotus findet auch in den Anfängen der Neuzeit bei den Humanisten ein Echo.[27]

3.3. Die Neuzeit

Wir werden uns hier nicht so sehr mit den Aussagen der Humanisten befassen, so interessant dies vom theologischen Standpunkt aus auch wäre, denn es sind ja immer Christen, die über dieses Thema nachdenken, sondern wir wollen uns, auch im Blick auf die multikonfessionelle Zusammensetzung der "Acat", auf die Reformatoren konzentrieren. Diese bewegen sich in den schon vom Mittelalter gestellten Geleisen. *Luther* wird, trotz der Begrenztheit des Erbes, auf das er sich beruft, auch in unserer Sache zu einem Neuerer. Vor allem verschwinden bei ihm die "Schuldkomplexe", welche im Mittelalter Theorie und Praxis charakterisiert haben. Dieses Verschwinden kommt direkt aus dem

---

26 Thomas Aquinas: *Summa contra gentiles* II, 146. Dazu: Basler, H.: *Thomas von Aquin und die Begründung der Todesstrafe,* in: Divus Thomas 9 (1931) 70-202, und Sewig J.: *Studien zur Todesstrafe im Naturrecht.* Bonn 1966.

27 Vgl. als exemplarischen Text *in IV Sent.,* dist. XV, Q. 3, 220-221. Zu Duns Scotus und der Todesstrafe vgl. Mana-Ruiz, J.: *La pena de muerte a la luz de la doctrina de J. Duns Scoto,* in: Revista de estudios penitenciarios 109 (1955) 49-56.

Zusammenhang, in welchen seine Aussagen über die Todesstrafe gestellt sind, nämlich aus der *"Zwei-Reiche-Lehre."* Der mittelalterliche Mensch hatte Komplexe hinsichtlich der Todesstrafe; so mußte der Henker Buße tun, denn er konnte keinen Unterschied machen zwischen dem glaubenden Privatmenschen, der tötet, und der Amtsperson, welche das Gesetz im Namen der Gesellschaft anwenden muß. Auf den ersten Blick könnte man meinen, die Lehre von den zwei *Fora* begünstige eine repressive Ansicht über das Strafrecht. Wenn man aber näher zusieht, merkt man, daß dies nicht immer der Fall sein muß.

Es ist ein Hauptanliegen des Reformators von Wittenberg, die Verwechslung der beiden Instanzen zu vermeiden, vor denen sich das ganze Leben des Christen abspielt: vor dem *Gesetz* und dem *Evangelium.*[28] Nach Luther liegt die fundamentale Begrenzung der mittelalterlichen Theologie darin, daß diese zwei Ebenen oft verwechselt werden. Dies nennt man *"commixtio regnorum."* Von diesem Standpunkt aus wird Luther sich immer gegen Körperstrafen und erst recht gegen die Todesstrafe für Häretiker stellen.

> "Hier muß das Wort Gottes wirken; wenn es ihm nicht gelingt, wird es der weltlichen Macht auch nicht gelingen."[29]

Dies ist nicht die Haltung aller Reformatoren. Zwingli und Calvin haben sich der Hinrichtung von Häretikern nicht widersetzt. Im Gegenteil, sie befürworten sie ausdrücklich. Aber um sich den schon von Luther entwickelten guten Argumenten nicht auszusetzen, strengen sie sich jedesmal an, zu zeigen, daß diese Häretiker auch sehr gefährlich für das Wohl der politischen Gemeinschaft sind, so daß sie wegen dieser Gefährlichkeit beseitigt werden müssen.

Auf der Seite der Gegenreformation blieben die Stellungnahmen Luthers nicht unerwidert. *Robert Bellarmin* versuchte in seinen *"de controversiis christianæ fidei"*[30] die Argumente des Reformators zu widerlegen, er erreichte jedoch die von der Zwei-Reiche-Lehre inspirierte Tiefe nicht.

---

28 Vgl. dazu meine Studie *Etica e politica nella dottrina luterana dei due regni,* in: Ho Theologos 3 (1983) 491-504.

29 Vgl. Luther, M.: *Von weltlicher Obrigkeit,* in: Ders.: *Ausgewählte Schriften.* Frankfurt/M. 1983, 6 Bde., hier Bd. 4, 72.

30 Vgl. die in Lyon erschienene Ausgabe von 1596, bes. 1312-1329.

Im Barockzeitalter des 17. Jahrhunderts werden im protestantischen Lager die Gedanken Luthers nicht weiter diskutiert, sondern in den theologischen Handbüchern der *"Orthodoxie"* wird das Arsenal von abgenutzten Gemeinplätzen der früheren Tradition eher noch fixiert.[31]
Die wirkliche Herausforderung und radikale Infragestellung der Todesstrafe sollte nicht von der Theologie, sondern von der *Philosophie der Aufklärung* herkommen. Dies soll nicht zur Annahme verleiten, alle Philosophen seien prinzipielle Gegner der Todesstrafe gewesen. *Kant* stellt eine hervorragende Ausnahme dar.[32] Es ist das Werk eines Mailänder Juristen, das in ganz Europa die theoretische Auseinandersetzung entfacht, aber auch den Einsatz gegen die Todesstrafe hervorruft. Es handelt sich um das Werk *"Dei delitti e delle pene"* des *Cesare Beccaria*. Seine Reflexionen und Argumente sind bis zum heutigen Tag klassisch geblieben und markieren für die Rechtsphilosophie einen Punkt, von dem es kein Zurück gibt.[33] Die Kirchen haben negativ auf diese Strafphilosophie der Aufklärung reagiert. Der Heilige Stuhl setzte das Werk auf den Index, und es erschienen Pamphlete, von denen das des Venezianers Pater *Facchinei*[34] das bekannteste war. Stimmen der Anerkennung gab es zwar auch, aber sie blieben ohne Folgen.[35]
Im 19. Jahrhundert erhebt sich eine einzige bedeutende theologische Stimme, welche die Betrachtung der Strafe allein unter dem Aspekt der Vergeltung in Frage stellt: es ist die Stimme *Schleiermachers*, der in der Todesstrafe eine Art Aufforderung zum Selbstmord sah.
Unser Jahrhundert ist Zeuge einer immer stärkeren Sensibilität, auch im Gebiet des ethisch-theologischen Denkens, bezüglich der moralischen Berechtigung eines so gewaltsamen Eingriffs des Staates in das Leben des einzelnen, wie ihn die Todesstrafe darstellt. Diese Sensibilisierung führt vor allem zu einer gewissen Vorsicht beim Wiederholen von klassischen Argumenten für die Todesstrafe in den Handbüchern der

---

31 Vgl. als Beispiel Gerhard, J.: *Loci theologici, 24, cap. 6, m. 2, art. 3, "de suppliciis."* Berlin 1868, Bd. 6, 25-478.

32 Zu Kant und zu unserem Thema vgl. Cattaneo, M.A.: *La pena di morte tra morale e politica nel pensiero dell' illuminismo,* in: Sociologia del diritto (1983) 9-34; Primorac, I.: *Kant und Beccaria,* in: Kant Studien 69 (1978) 403-421.

33 Erschienen in Livorno 1764 und bald in verschiedene Sprachen übersetzt.

34 Vgl. Facchinei, F.: *Note ed osservazioni sul libro intitolato Dei delitti e delle pene.* Venezia 1765.

35 Ich zitiere hier auf der katholischen Seite Malanima, C.: *Commento filologico critico sopra i delitti e le pene secondo il gius divino.* Livorno 1786, und das Werk des deutschen Moraltheologen Linsemann, F.X.: *Lehrbuch der Moraltheologie.* Tübingen 1878, § 137.

Moral. Aber, und dies gilt ohne Unterschied der Konfessionen, man ist noch zu keinem grundsätzlichen Infragestellen gekommen, höchstens zu einer Erklärung der Inopportunität ihrer Anwendung. Solche Erklärungen wurden hauptsächlich von deutschen Theologen zu der Zeit gemacht, als das neue Grundgesetz der BRD geschaffen wurde, welches die Abschaffung der Todesstrafe ausdrücklich statuiert; sie haben also eher einen Gelegenheitswert.[36] *Pius XII*[37] hingegen erklärte, daß man zumindest grundsätzlich das Recht des Staates nicht leugnen könne, Gewalt bis zum Tode anzuwenden, um sich gegen gemeingefährliche Individuen zu verteidigen.

Eine bedeutende Ausnahme stellt im 20. Jahrhundert *Karl Barth*[38] dar. In der "Kirchlichen Dogmatik" und noch deutlicher in den sechziger Jahren verneint er, abgesehen von einem gewissen "Ausnahmerecht" im Kriegsfall, jede Berechtigung der Todesstrafe. Neu im Vergleich zur Zeit der Aufklärung ist bei Barth die spezifisch christologische Argumentation. Nach dem Tod Christi ist keinerlei *Sühne* oder *erlösende Dimension* durch die Strafe mehr nötig, denn die Werke der menschlichen Sühne tragen nichts zum sühnenden und erlösenden Werk des Gottessohnes bei. Im Argument der Sühne noch eine positive Funktion der Todesstrafe finden zu wollen bedeutet für Barth nicht nur einen Irrweg in der sozialen Analyse der Phänomene, nicht nur einen philosophisch juristischen Fehler, sondern kurz und gut das Vertreten einer theologischen Blasphemie.

Nach den sechziger Jahren haben sich die Kirchen dieser Problematik weiter angenommen. Verschiedene protestantische Kirchen sowie auch katholische Episkopate[39] haben dieser Strafe immer mehr ihr morali-

---

36 Vgl. unter anderem: Ermecke, G.: *Zur ethischen Begründung der Todesstrafe*. Paderborn 1959, 6-41; Evangelische Kirche in Rheinland: *Gutachten zur Frage der Todesstrafe*, in: Kirche in der Zeit 12 (1959) 422 ff.; Althaus, P.: *Die Todesstrafe als Problem der christlichen Ethik*, in: Sitzungsbericht der Bayerischen Akademie der Wissenschaften. München 1955, 3-35; Gloege, G.: *Die Todesstrafe als theologisches Problem*. Opladen 1966.

37 Vgl. Pius XII: *Rede vom 13. 9. 1952* in: AAS 44 (1952) 779-789.

38 Vgl. die Texte in: Barth, K.: *Kirchliche Dogmatik*. Zollikon 1951, III/4, 499-513, und Ders.: in: Die Stimme der Gemeinde (1960) 571.

39 Vgl. dazu Aubert, J.M.: *Chrétiens et peine de mort*. Paris 1978. Zur innerkatholischen Diskussion Caprile, G.: *Recenti orientamenti episcopali sul problema della pena di morte*, in: La Civiltà cattolica 130 (1979) 148-163, und vor allem die Sondernummer von Concilium, 14 (1978) Nr. 10, und auch: Lavalette, H. de: *Moralistes et peine de mort*, in: Etudes 150 (1979) 809-819, und evangelischerseits Geiger, M.: *Theologie, Kirche und Todesstrafe*, in: Geiger, M. - Stratenwerth, G. - Saner, H.: *Nein zur Todesstrafe*. Basel 1978, 11-33.

sches Recht zu entziehen versucht, sowohl mit juristisch-politischen als auch mit ethischen und theologischen Argumenten. Ich möchte hier den Wunsch aussprechen, daß der ÖRK und auch der Heilige Stuhl bald zu einer ähnlichen Erklärung kommen.

4. Systematische Darstellung der ethischen Argumente und Gegenargumente

Wenn man von der Todesstrafe spricht, werden gewöhnlich die gleichen Argumente vorgebracht, die in allgemeinen Abhandlungen über Sinn und Begründung von Strafe zu finden sind. Auch wenn diese Argumente vergleichbar sind, werden sie aber doch radikalisiert, wenn sie auf die Todesstrafe bezogen werden.
Ich fasse die Argumente hier kurz zusammen, ohne mir einzubilden, ich könnte in wenigen Sätzen ihre Stichhaltigkeit beweisen oder entkräften. Ich möchte nur aufzeigen, wie sie sich verändern und radikaler werden, wenn sie auf die Todesstrafe angewandt werden.[40]

4.1. Todesstrafe als "Resozialisierungsfaktor"?

Wer Strafe ethisch dadurch rechtfertigt, daß er sie auf ihre resozialisierende Aufgabe bezieht oder auch auf ihre Funktion als Entschädigung oder Vergütung, kann damit offensichtlich nicht zugleich die moralische Berechtigung der Todesstrafe verteidigen. Denn diese stellt tatsächlich die definitive und blutige Desozialisierung des Delinquenten dar. Er wird gewaltsam aus der menschlichen Gesellschaft entfernt ohne irgendeine Alternative, außer man verstehe, wie es in der Geschichte vorgekommen ist, den "Eintritt in die Gemeinschaft der Heiligen" als eine Art "Sozialisierung a posteriori." Heute erscheint uns diese Interpretation der Todesstrafe gemäß der sakralen Theorie der

---

40 Die theoretische Diskussion der Argumente ist vor allem im angelsächsischen Sprachbereich lebendig. Vgl. unter anderem: Cohen, B.L.: *In defense of Capital Punishment,* in: The Dalhousie Review 44 (1964/65) 442-451; Conway, D.A.: *Capital Punishment and Deterrence: Some Considerations in Dialogue Form* in: Philosophy and Public Affairs 3 (1974) 431-443; Haag, E. van der: *On Deterrence and the Death Paenalty,* in: Ethics 78 (1967/68) 280-288; Kelly, M. - Schedler, G.: *Capital Punishment and Rehabilitation,* in: Philosophical Studies 34 (1978) 329-331; Satre, Th.: *The Irrationality of Capital Punishment,* in: Southwestern Journal of Philosophy 6 (1975) 75-87; Schedler,G.: *Capital Punishment and its Deterrent Effect,* in: Social Theory and Practice 4 (1976) 47-56.

Resozialisierung als etwas Groteskes; wir dürfen aber nicht vergessen, daß die Gesellschaft erst seit der Zeit der Aufklärung das physische Leben als das *wahre, schützenswerte* Leben anerkennt und das Urteil über das zukünftige Leben und dessen "Verwaltung" dem Gewissen des einzelnen überläßt. Dies erklärt die Verknüpfung zwischen der Säkularisation der Todesvorstellungen und der allgemein veränderten Haltung gegenüber dem Leben.

4.2. Spezialprävention?

Argumente und Rechtfertigungen, die sich auf *die Abschreckung und besondere Verhütung* berufen, können im Zusammenhang mit der Todesstrafe weder von einem ethischen noch von einem logischen Gesichtspunkt aus vorgebracht werden. Durch den unwiderbringlichen Verlust jeglichen freien Willens wird der Delinquent *post mortem* nicht mehr schädigen können (aufgrund des Verlustes jeglicher Freiheitsausübung durch die physische Beseitigung kann man nie sagen, ob eine Person noch irgendwelche Verbrechen begangen hätte oder nicht).

4.3. Zur Generalprävention

Wenn man sich der Argumentation der *Vorbeugung oder allgemeinen Abschreckung* bedient, wird die Diskussion noch schwieriger. Man muß hier zwischen einer "normativen" (d. h. juristischen oder ethischen) und einer "empirischen" Legitimation unterscheiden. In diesem zweiten Fall kann man leicht eine Übereinstimmung der empirischen Untersuchungen mit der These der *Nicht-Abschreckung* durch die Todesstrafe feststellen. Die aus solchen Nachforschungen gewonnene Sicherheit[41] ist jedoch nicht groß genug, um gewisse Fachleute der Sozialwissenschaften daran zu hindern, an der gegenteiligen Meinung festzuhalten. Man darf überdies nie vergessen, daß es nicht möglich ist, eine moralische Legitimation oder Ablehnung auf Informationen zu begründen, die ausschließlich von empirischen Untersuchungen stammen. Damit würde man einen Fehler begehen, den die Ethiker den "naturalistischen Fehlschluß" nennen.
Wenn man aber die Berechtigung der Todesstrafe verteidigt als ein notwendiges Mittel, um die *sittliche Ordnung,* mit der sich die Gesellschaft wie auch jeder einzelne Bürger identifizieren muß, auf exempla-

---

41 Vgl. u.a. Piffer, G.: *L'efficacia generalpreventiva della pena di morte,* in: Jus 28 (1981) 361-377, und die schon erwähnten Artikel von Conway, van der Haag und Schedler.

rische Weise zu bestätigen, fällt man in eine andere Reihe von argumentativen und normativen Schwierigkeiten. Selbst wenn man empirisch beweisen könnte, daß die Todesstrafe das durchschnittliche moralische Niveau einer bestimmten Bevölkerung hebt, hätte man damit noch nicht genug hinreichende Argumente, um ihre Nützlichkeit, Dringlichkeit und moralische Notwendigkeit zu beweisen. Es ist wirklich nicht jedes Mittel gut und gerechtfertigt, um ein moralisch unanfechtbares Ziel zu erreichen. Wenn man z.B. nicht beweisen könnte, daß das Mittel der Todesstrafe die einzige Möglichkeit ist, um das gute Ziel der Sicherheit und des Friedens zu erreichen, müßte man darauf verzichten und weniger blutige Mittel wählen, um dasselbe Ziel zu erreichen. Dies ist meiner Ansicht nach heute in allen staatlichen Gesellschaften der Welt der Fall, in denen die politische Gemeinschaft über genug technische Mittel verfügt, um die Sicherheit zu erhalten und zu garantieren, ohne unbedingt zur physischen Zerstörung von Personen greifen zu müssen, denen in einem ordentlichen Prozeß sehr schwere, dem Leben der Gesellschaft schädliche Verbrechen nachgewiesen worden sind.

Wie man in unserer kurzen historischen Darstellung sehen konnte, hat man in der Vergangenheit oft gedacht, die *"tranquillitas ordinis"* könnte mit keiner anderen Strafe aufrechterhalten werden, und deshalb hat man auch versucht, die Todesstrafe als Ausdruck der *berechtigten Selbstverteidigung* der Gesellschaft gegen gemeingefährliche Individuen zu legitimieren. Diese berechtigte Selbstverteidigung wurde als Ausdruck einer ausweglosen Situation interpretiert, eines Notstands, worin man den Tod mangels einer besseren Alternative wählen mußte: *"quia necessitas non habet legem"*, da Not kein Gesetz kennt.[42] Auch wenn man verschiedener Meinung sein kann über die Frage, ob die Lage jeweils so aussichtslos war, ist zuzugeben, daß diese Art Begründung im Prinzip eher zutrifft als die Argumente, die sich auf eine angebliche Resozialisierung des Todeskandidaten berufen oder die eine sogenannte erzieherische Funktion der Todesstrafe für die Gesellschaft postulieren. Auch hier muß man aber sagen, daß diese Begründung ihre Schwächen hat, denn der Notstand ist in Wirklichkeit sehr selten vorhanden, wenn er nicht überhaupt fiktiv ist.

---

42 Vgl. dazu: *Handbuch für Rechtsgeschichte*, a.a.O.

4.4. *Die Vergeltung*

Es bleibt nur noch der Rekurs auf eine Argumentation, nämlich auf die Idee der Strafe als Entschädigung oder Rache. Diese "absolut" genannte Legitimation der Strafe zeigt sowohl deutlich ihre Argumentationsschwächen als auch die Gefahr des Mißbrauchs bei einer möglichen konkreten Anwendung. Am deutlichsten zeigt sich der Mißbrauch bei der Argumentation mit der *Staatsraison*. Diese läßt keinen Platz für ein Verstehen der inneren Würde jedes Menschen. Die Person darf wirklich nie zu einem einfachen Mittel des Staates, welcher sie zur Erreichung der eigenen Ziele mißbraucht, erniedrigt werden. Meines Erachtens kann die Staatsraison mit einer ethischen Begründung nur im Falle wirklicher Notwehr angerufen werden, in einem Verteidigungskrieg, den man gezwungenermaßen führen muß.

5. Die Elemente einer auf die Abschaffung der Todesstrafe ausgerichteten Praxis

Wie man in der historischen Übersicht gehört hat, ist die christliche Tradition den Forderungen einer bedingungslosen Achtung vor dem Menschen, unabhängig vom Grad seiner objektiven oder subjektiven Schuld auf strafrechtlicher Ebene, nicht treu geblieben. Diese Untreue, die zum Glück auch Ausnahmen kennt, darf uns nicht an der Bedeutung und Richtigkeit der Argumente gegen die Todesstrafe zweifeln lassen; sie muß uns eher als Gegengift gegen die Illusion dienen, wir könnten mit unseren Kräften allein die Gewalt im Leben der Gesellschaft eliminieren. Man darf sich zwar keine Illusionen machen, aber doch überzeugt sein, wie es Karl Barth sagte:

> "Die göttliche Gerechtigkeit hat sich nach der christlichen Lehre schon gezeigt; jede menschliche Übertretung ist schon gesühnt, jede Verletzung der öffentlichen Ordnung schon bestraft mit einem einzigen Todesurteil: dem gegen den Sohn Gottes."[43]

Aber was bedeutet dies nun für die Praxis in der Gesellschaft und auch innerhalb der christlichen Gemeinden? Ich erlaube mir hier nur ein paar Elemente einer konsequent sein wollenden Praxis aufzuzählen:

---

43 Vgl. Barth, K.: *Kirchliche Dogmatik,* a.a.O.

- Um das ethische Bewußtsein der öffentlichen Meinung zu stärken, scheint es mir wichtig, auch in kirchlichen Kreisen die Gewohnheit argumentativer Diskussion zu pflegen. Natürlich erhebt diese nicht den Anspruch, irrationale oder emotionale Widerstände endgültig zu besiegen. Der Verstand kann trotz all seiner Schwächen und Zwiespältigkeiten dazu dienen, die Winkel auszuleuchten, in denen die Angst sich verkriecht.

- Es scheint mir besonders wichtig, die hinter den Widerständen gegen die Abschaffung der Todesstrafe *verborgene politische Ethik* einer radikalen Kritik zu unterwerfen. Diese politische Ethik neigt dazu, dem Staat, wenn schon nicht gerade göttliche Züge, so doch unbegrenzte Kompetenzen zuzugestehen, und dies tut sie oft im Namen eines angeblich göttlichen Willens. Man darf nicht denken, man könne die Meinung vieler Leute über die Todesstrafe ändern, ohne zugleich die Grundlagen ihrer politischen Moral von innen her zu revidieren.

- Für die Diskussion innerhalb der christlichen Gemeinde scheint es mir wesentlich, das christologische Argument gegen die Todesstrafe zu unterstreichen.

- Schließlich bieten all diese Diskussionen Gelegenheit darzulegen, daß nicht automatisch auf einen *Sündenbock* zurückgegriffen werden kann, weder auf individueller noch auf kollektiver Ebene.

- Die Erlösungstat Jesu hat diese Notwendigkeit ein für allemal überflüssig gemacht, indem sie uns die Möglichkeit eröffnet, freie Männer und Frauen zu werden.[44]

---

[44] Vgl. Girard, R.: *Le bouc émissaire*. Paris 1986; dt.: *Der Sündenbock*. Zürich 1988.

Literatur

Alt, H.P.: *Das Problem der Todesstrafe.* München 1960.

Althaus, P.: *Die Todesstrafe als Problem der christlichen Ethik,* in: Sitzungsbericht der Bayerischen Akademie der Wissenschaften. München 1955, 3-35.

Ancel, M.: *Die Todesstrafe in der zweiten Hälfte des XX. Jahrhunderts,* in: ZIJK (1969) 37-47.

André, J.M.: *Sénèque et la peine de mort,* in: Revue des Etudes Latines 57 (1981) 278-297.

Arkoun, M.: *Todesstrafe und Folter im islamischen Denken,* in: Concilium 14 (1978) 678-682.

Aubert, J.M.: *Chrétiens et peine de mort.* Paris 1978.

Bailey, W.C.: *Deterrence and the Celerity of the Death Penalty,* in: Social Forces 58 (1980) 1308-1333.

Ders.: *A Multivariate Cross-Sectional Analysis of the Deterrent Effect of the Death penalty,* in: Sociology and Social Research 64 (1980) 183-207.

Basler, H.: *Thomas von Aquin und die Begründung der Todesstrafe,* in: Divus Thomas 9 (1931) 70-202.

Bedau, H.A.: *The Death Penalty as a Deterrent: Argument and Evidence,* in: Ethics 80 (1969/70) 205-217.

Beristain, A.: *Katholizismus und Todesstrafe,* in: Zeitschrift für die gesamte Strafrechtswissenschaft 27 (1977) 215-238.

Blazquez, N.: *La pena de muerte segun S. Agustin.* Madrid 1977.

Bondolfi, A.: *Pena e pena di morte.* Bologna 1985 (= Temi etici nella storia no. 2).

Camus, A. und A. Koestler: *Réflexions sur la peine de mort.* Paris 1957.

Cancik, H.: *Christentum und Todesstrafe. Zur Religionsgeschichte der legalen Gewalt,* in: Angst und Gewalt. Ihre Präsenz und ihre Bewältigung. Hrsg. von H. von Stietenaar. Düsseldorf 1979, 312-251.

Caprile, G.: *Recenti orientamenti episcopali sul problema della pena capitale,* in: La civiltà cattolica 130 (1979) 148-163.

Compagnoni, F.: *Folter und Todesstrafe in der Überlieferung der römisch-katholischen Kirche,* in: Concilium 14 (1978) 657- 666.

Corbetta, P. - Parisi, A.: *L'opinione pubblica italiana di fronte alla pena di morte,* in: Il Mulino 32 (1983) 87-110.

Dailey, Th.G.: *Die Stellung der Kirche zur Todesstrafe in Kanada und den Vereinigten Staaten,* in: Concilium 14 (1978) 705- 707.

Dombois, H.: *Todesstrafe,* in: Evang. Soziallexikon. Stuttgart/Berlin 1980, 1322-1323.

Ermecke, G.: *Zur ethischen Begründung der Todesstrafe heute.* Vortrag bei Antritt des Rektorats der Phil.-Theol. Akademie Paderborn. Paderborn 1959, 6-41.

Evangelische Kirche im Rheinland, *Gutachten zur Frage der Todesstrafe,* in: Kirche in der Zeit 12 (1959) 422ff.

Facchinei, A.: *Note ed osservazioni sul libro "Dei delitti e delle pene."* Lugano 1765.

Fauchet, A.: *La peine de mort. Exposé devant les parlementaires,* in: La Documentation catholique 76 (1980) 137-141.

Flieger, H.: *Todesstrafe. Die Würde des Menschen ist unantastbar.* Schaffhausen 1982.

French, L.: *Blacks and Capital Punishment,* in: Journal of Sociology and Social Welfare 6 (1979) 231-244.

Geiger, M. - Stratenwerth,G. - Saner,H.: *Nein zur Todesstrafe.* Basel 1978.

Hörmann, K.: *Todesstrafe,* in: Lexikon der christlichen Moral, 1583-1590.

Honecker, M.: *Die Todesstrafe in der Sicht evangelischer Theologie,* in: Concilium 14 (1978) 666-671.

Horst, F. - Schmidhäuser, W. - Rendtorff, T.: *Todesstrafe,* in: RGG^3, Bd. 6, 922-929.

Hurka, T.: *Rights and Capital Punishment,* in: Dialogue Kingston 21 (1982) 647-660.

Kaufmann, A.: *Todesstrafe,* in: Staatslexikon für Recht, Wirtschaft und Gesellschaft. Freiburg i.Br. 1962, Bd. VII, 1002-1007.

Keller, D.: *Die Todesstrafe in kritischer Sicht.* Berlin 1968.

Kleck, G.: *Racial Discrimination in Criminal Sentencing: A Critical Evaluation of the Evidence with Additional Evidence on the Death penalty,* in: American Sociological Review 46 (1981) 783-805.

Lavalette, H. de: *Moralistes et peine de mort,* in: Etudes 150 (1979) 809-819.

Malanima, C.: *Commento filologico critico sopra i delitti e le pene secondo il gius divino.* Livorno 1786.

Mana-Ruiz, J.: *La pena de muerte a la luz de la doctrina de J. Duns Scoto,* in: Revista de estudios penitenciarios (1955) 49-56.

Molinski, W.: *Todesstrafe,* in: Sacramentum Mundi. Freiburg 1969, Bd. IV, 927-934.

Normand, M.: *La peine de mort.* Paris 1980.

Ortega Polaino, L.P.: *La licitud de la pena du muerte en la doctrina de la Iglesia Catolica,* in: Revista de estudios penitenciarios 108 (1954) 23-29.

Piffer, G.: *L'efficacia generalpreventiva della pena di morte,* in: Jus. Rivista di scienze giuridiche 28 (1981) 361-377.

Primorac, I.: *Life for Life: Arguments against Capital Punishment,* in: Philosophical Studies 29 (1982) 186-201.

Prosperi, A.: *Il sangue e l'anima. Richerche sulle compagnie di giustizia in Italia,* in: Quaderni Storici 17 (1982) 959-999.

Rankin, J.H.: *Changing Attitudes Toward Capital Punishment,* in: Social Forces 58 (1979) 194-211.

Rémy, P.: *Peine de mort et vengeance in la Bible,* in: Science et esprit 19 (1967) 323-350.

Reuband, K.H.: *Sanktionsverlangen im Wandel. Die Einstellung zur Todesstrafe in der Bundesrepublik Deutschland seit 1950,* in: K.Z.f.S.S. 32 (1980) 535-558.

Rossi, P.: *La pena di morte. Scetticismo e dogmatica.* Milano 1978.

Rotter, H.: *Todesstrafe,* in: Katholisches Soziallexikon. Innsbruck 1980, 3056-3060.

Rowan, W.: *Ulrich Zasius on the Death Penalty for Anabaptist,* in: Bibliothèque d'Humanisme et Renaissance 41 (1979) 527-540.

Roxin, C. - Herzog, H. - Alt, H.P.: *Todesstrafe,* in: Evangelisches Staatslexikon. Stuttgart/Berlin 1975, 2631-2636.

Schedl, C. - Schüller, B.: *Todesstrafe,* in: Lexikon für Theologie und Kirche. Freiburg i. Br. 1965, Bd. X, 229-230.

Schmid, G.: *Christentum und Todesstrafe.* Weimar 1938.

Schöpf, B.: *Das Tötungsrecht bei den frühchristlichen Schriftstellern.* Regensburg 1958.

Sellin, Th.: *Les débats concernant l'abolition de la peine capitale. Une rétrospective,* in: Déviance et Societé 5 (1981) 97-112.

Sewing, J.: *Studien zur Todesstrafe im Naturrecht.* Bonn 1966.

Skoda, F.: *Doctrina moralis catholica de pœna mortis.* Rom 1959.

Theau, J.: *Le droit à la vie et la peine de mort,* in: Dialogue Kingston 21 (1982) 95-110.

Thoma, C.: *Todesstrafe und Folter in der jüdischen Tradition,* in: Concilium 14 (1978) 672-677.

Toulat, J.: *La peine de mort en question.* Paris 1977.

Tyler, T.R. - Weber, R.: *Support for the Death Penalty: Instrument Response to Crime, or Symbolic Attitude?,* in: Law and Society Review 17 (1982) 21-45.

Valadier, P.: *Des éveques pour l'abolition de la peine de mort,* in: Etudes 149 (1978) 683-690.

Teil 4

BEITRÄGE AUS DEN BEREICHEN POLITIK UND KIRCHE

XI. ZU EINER ETHIK DER HILFE

Hilfe erscheint auf den ersten Blick[*] betrachtet als eine selbstverständliche Äußerung menschlicher Grundlagen, welche nicht weiter hinterfragt werden sollte. Man kann sich in der Tat die grundsätzliche Frage stellen, ob die Hilfe überhaupt einer Ethik bedarf. Diese Selbstverständlichkeit des Phänomens "Hilfe" ist in verschiedenen Disziplinen, die sich zum Thema äußern, sichtbar. "Der Mensch ist ein helfendes Wesen", behaupten in je verschiedener Weise die einzelnen Wissenschaftssparten. So wird im 19. Jahrhundert im Banne der Diskussionen um das Werk und Denken Darwins von Peter Kropotkin die gegenseitige Hilfe unter Tieren und Menschen als der Hauptmotor der Evolution jedes Lebewesens angesehen. Nicht der "Krieg aller gegen alle" oder die sogenannte "natürliche Selektion" hat die lebendige Natur zu immer komplexeren und besseren Formen derselben weitergeführt, sondern die fürsorgliche Veranlagung.

> "Streitet nicht! - Streit und Konkurrenz in der Art ist immer schädlich, und ihr habt reichlich die Mittel, sie zu vermeiden. Das ist die Tendenz der Natur, die nicht immer völlig verwirklicht wird, aber immer wirksam ist. Das ist die Parole, die aus dem Busch, dem Wald, dem Fluß, dem Ozean zu uns kommt. Daher vereinigt euch, übt gegenseitige Hilfe! Das ist das sicherste Mittel, um allen und jedem die größte Sicherheit, die beste Garantie der Existenz und des Fortschritts zu geben. Körperlich, geistig und moralisch."[1]

Hilfe ist also hier aufgrund naturwissenschaftlicher empirischer Beobachtungen eine natur- und menschengeschichtliche Selbstverständlichkeit. Diese Tendenz, den Altruismus als gegebene Größe zu interpretieren, ist manchmal auch in der philosophischen und theologischen Reflexion feststellbar. Es seien hier nur zwei Beispiele erwähnt, um diese Feststellung kurz zu belegen. Für den Philosophen August Comte muß das *"vivre pour autrui"* die ganze menschliche Existenz umfassen, und zwar nicht als Pflicht, sondern als Entfaltung einer vorhandenen

---

* Dieser Text wurde zum ersten Mal in der Zeitschrift Sozialarbeit (1986) Nr. 3, 44-51, veröffentlicht.

1 Vgl. Kropotkin, P.: *Gegenseitige Hilfe in der Tier- und Menschenwelt.* Frankfurt/Berlin/Wien 1975, 82-83.

Grundveranlagung. Ohne Rücksicht auf mögliche Belohnungen ist jeder von uns auf den anderen gerichtet. Altruismus ist also grundsätzlich angeboren und braucht nur - damit die Menschheit zu ihrem Ziel kommen kann - in jedem von uns entwickelt zu werden.
Die Aufgabe einer Ethik des Helfens besteht in dieser Perspektive darin, die schon vorhandenen Prädispositionen des Menschen zu verstärken und sie in den verschiedenen Lebensbereichen zu institutionalisieren. Erscheinungen von Solidaritätsmangel werden als zufällige Pannen in der Menschheitsgeschichte ausgelegt, welche mit einer konsequenten Strategie einer Erziehung zur Solidarität, wie Durkheim behauptet, ausgeräumt werden können.
Zusammenfassend kann gesagt werden, daß in vielen wissenschaftlich je anders gelagerten Diskursen direkt oder indirekt die Grundthese der Selbstverständlichkeit der Hilfe, der Hingabe und der Liebe vertreten sind.
Ich habe mir nun als Aufgabe gestellt, diese Selbstverständlichkeit auseinanderzunehmen, sie in Frage zu stellen. Dies sicherlich nicht nur aus Zerstörungslust, sondern aus mindestens zwei Gründen, welche ich als notwendig erachte. Zum ersten möchte ich die Präsenz anthropophiler Tendenzen in jedem Menschen mit zerstörerischen und kämpferischen Gegentendenzen vergleichen, und dies wegen des expliziten ethischen Erkenntnisinteresses, welches allen hier vorgelegten Überlegungen zugrunde liegt. In der Tat braucht der Mensch, wenn er nur oder hauptsächlich altruistisch veranlagt und motiviert ist, keine eigentliche Ethik des Helfens mehr. Im Gegensatz dazu braucht letztere, um genügend begründet zu sein, eine anthropologische Basisreflexion, in der die fürsorglichen und die zerstörerischen und kämpferischen Elemente der menschlichen Existenz in einem engen Zusammenhang durchdacht werden. Eine kritische, ethisch motivierte Rede über die Liebe, über die Hilfe und Opferbereitschaft beim Menschen braucht im wesentlichen auch die Einbeziehung seines Gegenteils. Erst somit sind ethische Güterabwägungen und Prioritätensetzungen zwischen Werten möglich.
Dies gilt auch und vor allem für den theologisch motivierten Redner und Hörer. Auch christliche Nächstenliebe und Diakonie laufen immer Gefahr, sowohl in der Theorie als auch in der Praxis deformiert und mißverstanden zu werden. Deswegen ist es wichtig, daß die nun vielgenannte Selbstverständlichkeit auch theologisch hinterfragt und dann wieder rekonstruiert wird, auch wenn dies hier nicht in der gewünschten Breite geschehen kann.
Nach allen diesen einführenden Absichtserklärungen werde ich nun meine Überlegungen in drei Schritten vorlegen. In einem ersten Teil möchte ich zeigen, wie eng die Entwicklung zur Hilfsbereitschaft und

die ethische Entwicklung des Menschen überhaupt verknüpft sind. In einer zweiten Etappe sollten mögliche Degenerations- und Deformationsgefahren in der Wahrnehmung der ethischen Pflichten zur Hilfe anhand exemplarischer geschichtlicher Situationen dargestellt werden. In einem dritten Schritt sollen schließlich einige Elemente eines besseren Verständnisses der Sachhilfe dargeboten werden. Das Ganze wird bewußt fragmentarisch bleiben, und dies nicht nur wegen der ungenügenden Kompetenz des Autors, sondern auch, weil die Problematik einer Ethik des Helfens in der ethischen Forschung noch ungenügend durchgeackert worden ist.

1. Wenn es stimmt, daß Hilfe kein evidentes Phänomen ist, dann braucht sie eine nähere Umschreibung oder eine sogenannte "Definition." Heutige Sozialpsychologen versuchen, das sehr komplexe Phänomen "Hilfe" teils deskriptiv, teils normativ zu definieren. Hilfe oder altruistisches Verhalten ist vorhanden, wenn mindestens drei Elemente übereinkommen:

- Die als Hilfe bezeichnete Handlung ist als ein Selbstzweck zu betrachten, sie soll nicht auf eigenen Gewinn ausgerichtet sein. Hilfe schließt Interesselosigkeit ein.

- Die hilfreiche Handlung soll freiwillig ausgeführt werden und nicht etwa nur aufgrund von Rollenvorschriften, wie es bei bestimmten sogenannten "helfenden Berufen" der Fall sein kann.

- Die Hilfe soll keinen Dritten in unzumutbarer Weise schädigen und etwas Gutes bewirken.[2]

Nicht jeder besitzt seit seiner Kindheit die Fähigkeit, sich kooperativ und hilfsbereit zu verhalten, als gleichbleibende "Kompetenz." Die Hilfsfähigkeit und die Hilfsbereitschaft müssen gelernt werden und durchlaufen, wie die Entwicklung des moralischen Bewußtseins überhaupt, *verschiedene Stufen.*
Es wird experimentell festgestellt, daß die Bedingungen für die Entwicklung der moralischen Urteilskompetenz beim Kind ähnlich gestaltet sind wie diejenigen, welche die Hilfskompetenz kennzeichnen. Es wurden in den letzten Jahren vor allem Situationen analysiert, in denen altruistische Handlungen in Abwesenheit von erkennbaren egoistischen

---

2 Vgl. vor allem Bierhoff, H.W.: *Hilfreiches Verhalten.* Darmstadt 1980, bes. 18-25.

Motiven auftreten. Dabei werden bei jedem Kind drei Typen von Fähigkeiten beobachtet, welche zeitlich in eine Reihenfolge einzuteilen sind:

- Zuerst zeichnet sich das Erreichen einer Objekt- bzw. Person-Permanenz ab.

- Dann erscheint die Fähigkeit zur Übernahme der Wahrnehmungsperspektive eines anderen sowie Kommunikationsfähigkeit, welche auch die Emotionen anderer einbezieht. Diese Fähigkeit nennt man *Empathie*.

- Schließlich wird eine Fähigkeit festgestellt, den anderen als situationsabhängig und doch mit eigener dauerhafter Identität zu erfahren.

Alle diese experimentellen Feststellungen haben den Vorteil, daß sie uns zeigen, wie die kognitive, die ethische und die altruistische Entwicklung in jedem von uns parallel und in einem Trend zum Besseren und zum Differenzierteren verlaufen. Der Mensch scheint hier, wie auch in manchen sozialdarwinistischen Ansätzen des 19. Jahrhunderts, ein auf Ethik und gegenseitige Hilfe orientiertes und angewiesenes Wesen zu sein. Zugleich sieht man aber auch, daß die Aneignung der Hilfsfähigkeit nicht so automatisch und mechanisch geschieht. Der Mensch kann Empathie erlernen, aber auch verlernen. Regressionen in der Fähigkeit zur Hilfe sind sowohl auf der argumentativen wie auch auf der faktischen Ebene möglich.[3] Und da dienen "Stadien" nicht so sehr. Als müde und gestreßte Menschen stellen wir immer fest, daß wir unter unserem "normalen Niveau" sowohl von der Hilfe reden als auch tatsächlich helfen.

2. Es entstehen also im menschlichen Verhalten auch andere Züge und Merkmale, die das optimistisch-anthropologische Bild der Altruismusforschung einschränken und korrigieren. Hilfe ist also nicht nur mit empathischem und sympathischem Verhalten gleichzusetzen. Jede hilfreiche Handlung enthält auch weitere Elemente; einige davon können als negativ empfunden werden. Erst wenn auch diese anderen Merkmale der Hilfe mitreflektiert werden, können kritischere Kriterien für die Ausübung einer, ethisch gesagt, "besseren Hilfe" vorgeschlagen

---

3 Vgl. *Altruismus und Aggression*. Hrsg. von J. J. Koch. Basel 1976.

werden. Es reicht also nicht, zumindest in einer ethischen Perspektive, wenn man sich mit einer optimalen Entfaltung der Fähigkeiten zum "prosozialen Verhalten" (so wird Hilfe von der Altruismusforschung gekennzeichnet) begnügt. Konkrete Hilfeleistungen sollen ethisch aufgrund aller Elemente, welche die Hilfe definieren, beurteilt werden.

2.1. So wird darauf hingewiesen, daß Hilfe, Zuneigung und Liebe immer Gefahr laufen, Ausdruck des Gegenteils zu werden. Für Freud ist zum Beispiel die Aufforderung, alle Menschen zu lieben, irrealistisch:

> "Eine Liebe, die nicht auswählt, scheint uns einen Teil ihres eigentlichen Wertes einzubüßen, indem sie an dem Objekt ein Unrecht tut." Und weiter: "Es sind nicht alle Menschen liebenswert."[4]

- Altruismus ist also eine Fähigkeit, welche nicht dauerhaft zur Disposition steht. Sie kommt nicht beliebig zur Geltung und ist wesentlich wählerisch. Darüber hinaus ist Altruismus auch in die komplexe Dialektik von Liebe und Haß eingebettet und ruft, damit er echt werden kann, nach Selbstanalyse und Ideologiekritik.

- Ein weiterer Einwand, der gegen den Altruismus erhoben worden ist, läuft darauf hinaus, daß letzterer bei einer genaueren Betrachtung nichts anderes als verkleideter und raffinierter Egoismus sei. Mit anderen Worten gesagt, würde jeder von uns eine besondere Genugtuung und Lust in Handlungen empfinden, die in der Tat sicherlich anderen zugute kommen, die aber dennoch vor allem wegen der eigenen innerlichen oder äußerlichen Befriedigung ausgeführt werden.

- Eine dritte Korrektur der Vorstellung einer kontinuierlichen Entwicklung der altruistischen Fähigkeiten kommt aus der Aggressionsforschung. Hier wird von anderen anthropologischen Prämissen ausgegangen, als es bei manchen Theoretikern des Altruismus bis jetzt der Fall gewesen ist. Altruismus wird hier als nur eine der drei gegensätzlichen Grundtendenzen der menschlichen Persönlichkeit angesehen. Nach diesem anthropo-

---

4 Vgl. Freud, S.: *Das Unbehagen in der Kultur*. Frankfurt 1953, 95.

logischen Grundsatz "ist der Mensch dem Menschen Bedürfniswesen, Aggressor und Fürsorger zugleich ..." Alle diese drei Bezugsmodi der menschlichen Verhältnisse stehen in einer inneren Bestätigungs- und Zuordnungslosigkeit und können nicht beliebig getrennt werden. Sie sind darüber hinaus "Strukturfahrplan aller Formen konkreter menschlicher Sozialisation und damit gleichzeitig humanes Bedingungsfeld ihrer Moralität."[5]

Mit anderen Worten kann man nicht die Prädisposition zur Hilfe allein für sich betrachten, ohne sie in Beziehung mit anderen gegenläufigen Tendenzen im Menschen zu sehen. Diesen Sachverhalt mit Hilfe einer historischen Kurzskizze plastisch zeigen ist zugleich auch eine leichte Überleitung zum spezifischeren Thema der Sachhilfe.

2.2. Die Verstrickung von Hilfe und Macht, von Altruismus und Egoismus, von Dienst und von Repression kann durch die Schilderung der Grundzüge des sogenannten *"Armenstreits" im 16. Jahrhundert*[6] an Evidenz auch für uns Menschen des 20. Jahrhunderts gewinnen.
Der sogenannte Armenstreit, an dem sowohl Humanisten als auch katholische und protestantische Theologen teilgenommen haben, ist eine transkonfessionelle und transkulturelle Debatte, welche eine exemplarische Bedeutung aufweist für unsere Problematik.
Um aber die Krisis der Renaissancezeit in der Einstellung zu den Armen adäquat verstehen zu können, sollte man sich mindestens in groben Zügen die vorausgehende mittelalterliche Lage in der Theorie des Helfens vergegenwärtigen.[7] In dieser Zeitepoche der Geschichte der westeuropäischen Christenheit ist die Trennung zwischen der Armut als Individualtugend des freiwillig vollkommenen Christen, nämlich des Mönchs, und der Armut als Not, welche durch Almosen der Klöster und der Bischofshäuser gelindert wird, sowohl in Theorie als auch in Praxis vollzogen. Die neuere Literatur zu diesem Thema, welche sowohl das Vokabular als auch die Alltagssitten der Armut

---

5 Vgl. Korff, W.: *Norm und Sittlichkeit.* Mainz 1973, 9, 95, 97.

6 Die Literatur zu diesem Thema ist immens und kann hier nicht berücksichtigt werden. Ich verweise nur auf Scherpner, H.: *Theorie der Fürsorge.* Göttingen 1972, und auf Metz, K.H.: *Staatsraison und Menschenfreundlichkeit,* in: Vierteljahrsschrift für Sozial- und Wirtschaftsgeschichte 72 (1985) 1-26. Für weitere bibliographische Dokumentation vgl. meinen Beitrag: *Dibattitti umanistici e teologici attorno al pauperismo nel XVI° secolo,* in: Studia Patavina 32 (1985) 515-529.

7 Hierzu vgl. vor allem Mollat, M.: *Die Armen im Mittelalter.* München 1984.

erschlossen hat, bezeugt die tiefe Verankerung der Unterscheidung beider Arten der Armut, der geistlichen und freiwilligen einerseits und der materiellen und unfreiwilligen andererseits. Die Mönche, welche als Einzelpersonen zwar ohne Eigentum leben, verteilen als Klostergemeinschaft regelmäßig Almosen und eröffnen den Bedürftigen auch Arbeitsmöglichkeiten. Vor allem sehen sie im Armen die Verkörperung der Person Christi. Diese theologische Theorie und Praxis der Wahrnehmung und Bewältigung von Armut war aber nicht unumstritten. Die Klostergemeinschaften und auch manche Gruppen von Laien standen in ständiger Auseinandersetzung und Streit mit dem Ideal der Armut. Die Bewegungen der *"vita apostolica et evangelica"* und die Bettelorden stellen die frühmittelalterliche Harmonie zwischen der geistlichen und der materiellen Armut radikal in Frage. Ganz von der Hoffnung auf das Zeitalter der Wiederkunft Christi geprägt, verzichtet der radikale Flügel dieser Bewegungen auf jegliches Eigentum und ist bereit, von der Institution des Almosens zu leben.

Diese ist aber nicht die klassisch mittelalterliche Form der Almosenlehre. Es handelt sich bei den Theologen des 12. und 13. Jahrhunderts nicht mehr direkt darum, dem "nackten Christum nackt nachzufolgen", sondern um die Fragen, "ob das Almosengeben unter das Gebot falle" und "wer, wem und die Art und Weise, Almosen zu geben."[8] Die Theologen des Hochmittelalters versuchen vor allem zu klassifizieren, die Rechte und Pflichten sowohl der Armen als auch der Reichen klar und restlos festzulegen. Dieses Klassifizierungsbedürfnis ist sehr alt: schon in der karolingischen Zeit hat man beim Bischofssitz Armenverzeichnisse eingeführt. Der mittelalterliche Theologe, vor allem im 13. Jahrhundert, will klar wissen, wie das "Überflüssige" zu finden ist, und die Kriterien der gerechten Verteilung kennen. Darüber hinaus erfüllt das Almosen auch eine verdienstliche Funktion. Es ist eine, neben Beten und Fasten, der drei Möglichkeiten der *"satisfactio"*, das heißt der Genugtuung für die Sündenstrafen. Wer vom *"superfluum"* (Überfluß) gibt, verhält sich dem Gebote entsprechend, und dies ist Gegenstand eines Verdienstes. Derjenige, der das Almosen vom Notwendigen gibt, macht das aus einem "evangelischen Rat" und macht sich dabei besonders verdient.

Diese sozialethische Kriteriologie für das Hilfsverhalten der einzelnen Christen ist kohärent mit einer ständisch strukturierten und organisierten Gesellschaft. Jeder Christ soll seinem Stand entsprechend leben,

---

8 Vgl. die Art. 5, 8, 9, 10 der quæstio Nr. 32 der IIª - IIæ der *Summa Theologiæ*, von Thomas von Aquin.

und falls er darüber hinaus weitere Güter besitzt, soll er sie *"de præcepto"* (obligatorisch) den Armen spenden.
Dies war sozusagen "die Theorie" der Diakonie im 13. Jahrhundert. Die Praxis hat sicherlich anders ausgesehen, wie die sehr reiche Literatur zu diesem Thema zeigt. Man kennt in der Tat schon vom 13. Jahrhundert her eine langsame, aber sichere Entwicklung und Ausbreitung der Geldwirtschaft. Das Geld wird nicht mehr nur als Mittel zum statischen Sammeln gebraucht, sondern vor allem als Anlage, die weitere Gewinne hervorrufen soll. Die starre Standesordnung der Gesellschaft gerät dadurch in eine tiefe politische und ideologische Krise. In der Zeit der sogenannten Spätscholastik macht sich vor allem eine laxistische Tendenz geltend, welche dahin tendiert, die Pflicht zur Spende zu verunmöglichen. Diese Tendenz steht sicherlich auch im Zusammenhang mit den sogenannten frühkapitalistischen Entwicklungen und kann nicht nur als Sittenzerfall interpretiert werden. Die theologische Reflexion ihrerseits bleibt im traditionellen Rahmen der Almosenlehre des Thomas von Aquin und versucht, durch deren Kommentierung den neuen gesellschaftlich vermittelten ethischen Konflikten Rechnung zu tragen. Es handelt sich um eine Art "aggiornamento" der Almosenlehre, welche aber die gegebenen Bahnen nicht verläßt und im gegebenen Paradigma bleibt.[9]
Ein Paradebeispiel dieser theologischen Verarbeitung der frühkapitalistischen ethischen Konflikte ist das Werk des Thomas von Vio, d. h. des Kardinals Cajetan. Im Jahre 1496, zwei Jahrzehnte vor dem Ausbruch der Reformation, schreibt er die Monographie *"De præcepto eleemosynæ ad mentem sancti Thomæ"*, um die gängige Minimalistenlehre zu widerlegen. Für Cajetan verlangt der *ordo charitatis* (die Ordnung der Liebe), daß wir das Wohl und die Not des Nächsten höher stellen als unsere äußeren Güter. Deswegen sind wir verpflichtet, im Falle äußerster Not auch auf Kosten des eigenen standesgemäßen Lebensunterhalts dem Armen zu helfen, da das Privateigentum nur durch allgemeine Übereinkunft der Menschen zustande kam, während aufgrund des Naturrechtes alles gemeinsam ist. Mit den Worten Cajetans selbst heißt das, "daß es gegen das Naturrecht ist, das Überflüssige den Armen nicht zu geben..."
Diese strenge Auslegung des Kommentators scheint aber nicht auf der Höhe der damaligen Krise zu sein. Was soll dem reichen Christen

---

[9] Eine allgemeine Einführung in die Diskussionen dieser Zeit ist zu finden in: Deuringer, K.: *Die katholische Caritas in der Neuzeit*, in: Das diakonische Amt der Kirche. Hrsg. von H. Krimm. Stuttgart 1960, 421-466.

gesagt werden, wenn dieser durch Anhäufung von Kapital (d. h. durch Sammlung von "Überflüssigem") versucht, nach einem höheren Stande zu streben? Cajetan gibt dieser Frage eine "vermittelnde" Antwort. Zuerst dürfen nur diejenigen ihren jetzigen Stand verlassen und emporsteigen, die dafür eine Tugend besitzen. Er spricht zustimmend also von denjenigen, "welche Geld sammeln, damit sie einen Stand erreichen, welcher ihren Fähigkeiten entspricht." Diese begabten Menschen dürfen aber *nur einmal* diesen Anhäufungsversuch unternehmen, sonst machen sie sich eines grenzenlosen Strebens nach Geld, Besitz und Macht schuldig, und dies ist unsittlich.

Wie man klar erkennen kann, wird hier die klassische Almosenlehre bis zum äußersten der neuen Situation angepaßt, und sie wird dabei "strapaziert." Es ist also durchaus verständlich, daß in einer solchen Situation sich neue Stimmen melden, welche die Armenhilfe in einen ganz anderen theoretischen Horizont stellen und neue praktische Lösungen des Bettelproblems vorschlagen.

Wir kommen hier zu einem Knotenpunkt, wo Hilfe neu ausgelegt und begründet wird, mit einer komplexen Kreuzung von Argumenten für oder gegen Almosen oder mit verschiedenen Strategien über die bessere Art, den Armen zu helfen.

Der innerkatholische Streit zwischen dem Humanisten J.L. Vivés mit seinem *"De subventione pauperum"* und dem spanischen Theologen Domingo de Soto mit dem Werk *"Deliberatio in causa pauperum"* ist ein frappantes Beispiel dieser Gegensätze.[10] Das Anliegen von *Vivés* ist ein doppeltes: Zuerst muß eine klar definierte Instanz die Kompetenz erhalten, die sozialen Probleme, wie die des Bettelns, des Vagabundierens und des Nichtstuns, zu lösen. Diese Instanz kann nicht mehr die der Bettelorden und der Klöster sein, sondern ist eindeutig die Verwaltung des Stadtstaates.

Zum zweiten muß diese neu organisierte Fürsorgetätigkeit so gestaltet werden, daß darin der oberste Grundsatz und das göttliche Gebot der Arbeit gelten kann. "Vor allem gilt das, was Gott als Preis für die Sünde festgelegt hat: daß jeder das von ihm durch Arbeit verdiente Brot essen muß."

2.3. Zur Durchführung dieses Hauptgebotes ist eine durch Behörden vermittelte Tätigkeit von *Klassifikation* und *Repression* notwendig. Mit anderen Worten sollten zunächst unter Beiziehung der Ärzte die

---

10 Vgl. hierzu Deuringer, K.: *Probleme der Caritas in der Schule von Salamanca*. Freiburg i. Br. 1959.

Arbeitsunfähigen ausgeschieden werden. Von den bleibenden arbeitsfähigen Bettlern sollten dann die Fremden mit dem nötigen Zehrpfennig in ihre Heimat zurückgeschickt werden.
Gegen diese einerseits modernere und sicherlich wohlgemeinte Reform geht *Domingo de Soto* ins Feld. Er reagiert auch auf Disziplinierungsversuche, welche in Spanien gegen Bettler und Pilger getroffen worden waren. Es wäre unrichtig, wenn wir de Soto einfach jetzt als Gegner jeglicher Reform in diesem Bereich bezeichnen würden. Seine Verteidigung des Almosenwesens hat primär eine religiöse Funktion. Die vollständige Unterdrückung des Bettelns ist für de Soto sittlich unhaltbar, denn ein solches Verbot würde sich erst rechtfertigen bei einer vollständigen Versorgung jedes Bedürftigen. Auch das große Bedürfnis der Behörden, zwischen richtigen und falschen Armen unterscheiden zu können, wird von de Soto kritisch hinterfragt. Nach ihm hat Christus die Reichen mit den Armen nur verglichen, um die Würde der letzteren hervorzuheben. Darüber hinaus kritisiert de Soto auch die Versuche, diese Disziplinarmaßnahmen mit kirchlichen Mitteln durchzuführen: Er wendet sich so zum Beispiel gegen die Bestimmung, nach der die Bettelnden und Vagabundierenden sich nur mit einem vom Pfarrer bewilligten Zettel bewegen dürfen und sie in der Lage sein sollten zu beweisen, daß sie regelmäßig beichten.
Mit diesen knappen Ausführungen über Vivés und über Domingo de Soto wollte ich zeigen, wie schwierig es ist, zwischen einer progressiven und einer traditionellen Linie in den Debatten über das Armenwesen im 16. Jahrhundert zu unterscheiden. Gesellschaftskritische und konservative Linien kreuzen sich innerhalb der unterschiedlich gelagerten Ansätze.

Diese Gleichzeitigkeit von progressiven und konservativen Elementen ist auch in den Schriften der *Reformatoren*[11] zu finden.
Was schlägt zum Beispiel Luther als Lösung des Problems vor?

> "Es wäre sehr nötig, daß alle Bettelei in der Christenheit abgetan würde. Es sollte niemand unter den Christen betteln gehen. Es wäre auch leicht, eine Ordnung dafür zu machen, daß eine jede Stadt ihre armen Leute versorgt und keine fremden Bettler zuließe."

---

11 Vgl. Scholl, H.: *Die Kirche und die Armen in der reformierten Tradition*, in: Reformierte Kirchenzeitung (1983) 64-73; Stupperich, R.: *Bruderhilfe und Nächstendienst in der deutschen Reformation*, in: Das Diakonische Amt der Kirche, a.a.O. 167-196.

Diese Passage aus dem Werk Luthers zeigt klar, daß in seinem theologischen Ansatz Themen und Positionen, welche schon in der Luft lagen, verarbeitet werden. Der originelle Beitrag Luthers besteht also meiner Meinung nach nicht so sehr in der Heranziehung von neuen Lösungen des Armenproblems, sondern in der kreativen Vermischung zwischen den Themen und Positionen des Humanismus und seiner eigenen Kritik der mittelalterlichen Theologie und Kirche.
Diese Leistung wurde vor allem von der calvinischen Tradition vollzogen. Berühmt ist seine Aussage:

> "Die Häuser der Reichen sind die Metzgereien der Armen."[12]

Diese obrigkeitskritische Position hindert aber Calvin nicht, die Auswüchse des Bettelns zu kritisieren, indem er deren gesellschaftliche Ursachen durchschaut und hinterfragt.

> "Wir sollen beachten, daß wir Befehl und Order haben, den Bettel nicht zu dulden. Er ist nichts als ein böses Geschwür. Man hilft dem, welchem man gibt, im Grunde nicht. Man verdirbt sie vielmehr, wie gesagt, und zuletzt gefällt ihnen ihre Bettelei sogar, so daß sie ihren Bettelsack mehr lieben als eine sichere Rente. So werden sie aus Spitzbuben zu Dieben."

Ich möchte diesen historischen Exkurs mit zwei Beobachtungen schließen:

- An der Schwelle zwischen Mittelalter und Neuzeit gerät die traditionelle Almosenlehre in eine nicht mehr zurückholbare Krise. Die gegensätzlichen Positionen, welche hier im Streit gegeneinander vertreten werden, können von uns heute nicht im voraus ethisch als positiv oder negativ bewertet werden. Progressive und regressive Momente sind in beiden Positionen zu finden. Letztere sind auch nicht als mechanische Widerspiegelung einer jeweils anders gestalteten Alltagspraxis zu interpretieren.

- Hilfe und Macht, Diakonie und Autoritätsmißbrauch stehen in einer gefährlichen Nähe. Es liegt an uns, für die heutige Zeit an

---

12 C.O. 28, 182.

Ort und Stelle eine Selbstanalyse zu unternehmen, und dies in sittlicher Absicht.

3. Wir sind beim letzten Schritt dieser Ausführungen angelangt. Der soeben skizzierte Almosenstreit hat uns gezeigt, daß Sachhilfe einen entscheidenden Knotenpunkt für das Verständnis von Hilfe überhaupt darstellt. Da hier Hilfe mit materiellen und begrenzten Gütern einen Ausdruck findet, ist sie besonders ideologisch gefährdet. Sachhilfe ist der Ort, wo, kurz gesagt, Liebe und Gerechtigkeit, "Wohltätigkeit" und "Politik" im gleichen Atemzug genannt werden. In der Tat kann man nicht über die Güter, über die Sachen, die eben in der sogenannten sozialen Arbeit verteilt werden, reden, ohne zugleich über die *Kriterien der Verteilungsgerechtigkeit* auch reden zu müssen. Es gibt also keine ethische Reflexion über die Sachhilfe, welche nicht auch in eine politische Ethik einmündet. Hier sollten aber vor allem die vorpolitischen Gefahren jeglicher Sachhilfe beleuchtet werden.

- Hilfstätigkeiten von einzelnen und Institutionen sind einer ersten Grundversuchung ausgesetzt, nämlich der Versuchung, den Zusammenhang zwischen Hilfeleistung und Machtausübung zu vergessen. Diese (Unterlassungs-)Versuchung kann sehr verschiedenartige Gestalt annehmen und sich je anders als Verwirklichung der "vollkommenen Liebe" vorstellen. Eine erste Versuchungsgestalt ist die der "technokratisch" verkleideten Hilfstätigkeit. Ausgehend von der Prämisse, daß jeder Dienst wirksam sein sollte, sich nicht nur mit guten Absichten begnügen, sondern alle menschlichen Ressourcen ausschöpfen soll, wird die Konsequenz gezogen, daß Priorität vor allem der technischen Wirksamkeit eingeräumt werden muß.
  Diese Perspektive bringt politische Konsequenzen mit sich. Das Helfen als "Operation" steht so im Vordergrund, daß es an der Lage des Bedürftigen und seiner gesellschaftlichen Umgebung vorbeigeht. So zu helfen bedeutet zu vergessen, daß in jeder Hilfe auch ein Machtmoment enthalten ist. Darüber hinaus fällt manchmal technokratisch initiierte und legitimierte Hilfe ein unkritisches Urteil über die Gesellschaftsformation, über den Staat, in dem Hilfe ausgeübt wird. Identifiziert man sich mit der gesellschaftlichen Umgebung, in der man hilft, oder mit dem Staat, in dem Hilfe stattfindet, dann besteht die Tendenz, diesen Staat entweder als "Partner" oder als "Delegat" der eigenen "Dienste" anzusehen. Auch hier wird die Dimension der Macht, sowohl bei sich selbst als auch beim Staat, unkritisch vergessen.

Gilt die Hilfe der Bevölkerung eines Staates, mit dem man sich nicht identifiziert, dann versucht man entweder die Hilfe als neutrale Leistung zu legitimieren ("nur helfen"), oder man setzt sich in eine Position der Selbstlegitimation ("wir, von der freien Welt, helfen ..."). Die "technokratische Versuchung" ist sowohl in konfessionell neutralen als auch in kirchlichen Hilfswerken anzutreffen.

- Die zweite Versuchung besteht darin, Sachhilfe vorschnell mit "Wir-Gefühlen" zu vermischen. Und es ist "menschlich" normal, daß man der Versuchung erliegt, Hilfe so zu reduzieren. Die experimentelle Altruismusforschung hat uns in der Tat gezeigt, daß einer der Hauptfaktoren, die Hilfeleistung erleichtern und begünstigen, das Gefühl der Verwandtschaft und Nähe zum Bedürftigen ist.

- Eine weitere Variante dieser Art zu helfen ist die "missionarische" Degeneration der Hilfe. Hier wird geholfen, damit man vor allem sieht, wie wirkungsvoll und prestigevoll "unsere Sozialinstitutionen" sind.

- Noch eine letzte Degeneration oder Versuchung in der Ausübung der Nächstenliebe soll hier erwähnt werden. Sie blendet theologisch ein Verhältnis aus, das schon von der Sozialpsychologie und -philosophie des Altruismus vertieft wurde, nämlich das Verhältnis zwischen Hingabe und Egoismus. Viele Christen und Nichtchristen verfallen in diese interimistische und privatistische Versuchung und helfen, um gute Werke zu leisten, um die Seele zu retten, und nicht zuletzt, um ein ruhiges Gewissen zu bewahren. Die Selbstgerechtigkeit kann überwunden werden, wenn man bedenkt, daß echte Hilfe notwendigerweise mit radikalen Grenzüberschreitungen zu tun hat. Eine nicht romantisierende Auslegung des Bildes und des Gleichnisses des "barmherzigen Samariters" zeigt zum Beispiel, daß das Subjekt der Hilfe ein Außenseiter ist, daß dem bedürftigen Juden von den eigenen Glaubensbrüdern, sogar von den "professionellen" Priestern und Leviten, keine Hilfe geleistet wird.

Die Sachhilfe, die Vermittlung von materiellen Gütern und Leistungen, gehört wesentlich zu diesen Grenzüberschreitungen. Sie ist echt, wenn sie der gleichen radikalen Logik gehorcht. Wenn Geld und Zeit in den Dienst dieser Grenzüberschreitungen gestellt werden, laufen letztere weniger Gefahr, zum Fetisch und zum Druckmittel zu werden. Statt Zeichen der Selbstentfremdung und des Machtmißbrauches wird hier Geld zum Ausdruck einer Solidarität, welche zugleich Selbst- und Nächstenliebe sein kann.

XII. DIE KIRCHE IM HANDLUNGSFELD DES FRIEDENS

Eine erste mögliche psychologische Reaktion, welche sowohl gläubige Christen als auch Außenstehende bei der Beantwortung der Frage nach dem Inhalt und den Formen des Friedensbeitrags der Kirche(n)* in der heutigen Zeit haben könnten, ist die des Zweifelns und der Ratlosigkeit. In der Tat zeigt eine geschichtliche Analyse der Wahrnehmung des Friedensauftrages durch kirchliche Äußerungen und Taten einen besonderen Zwiespalt und eine besondere Ideologieanfälligkeit. Denken wir, um nur ein paradoxes Beispiel unter vielen zu erwähnen, an die Kreuzfahrer im Frühmittelalter, welche den heiligen Krieg auch unter dem Einfluß von theologischen Überlegungen "gewaltloser" Mönchen geführt haben.

Schon Erasmus hatte diese Reaktion des Zweifelns und der Ratlosigkeit ganz treffend formuliert: "Was soll ich dort noch hoffen, wo Frömmigkeit mit Frömmigkeit im Streit liegt?"[1] Und in unserem Jahrhundert behauptet ein marxistischer Jude mit bitterem Realismus: "In den letzten Jahrhunderten haben viel mehr Gläubige ihr Leben fürs Vaterland eingesetzt als für die verbotene Liebe zu dessen Feind."[2]

Es gilt hier, diese unsere Mühe mit dem geschichtlichen Erbe bewußt und kritisch zu hinterfragen, zu überwinden und dann einige Grundlinien für die heutige Praxis aufzuzeigen. Diese sollten vor allem der Tatsache Rechenschaft ablegen, daß Friedenssuche nicht bloß ein Feld kirchlicher Tätigkeit unter vielen, sondern deren inneren und spezifischen Kern darstellt. Darüber hinaus sollte hier eine Erörterung der Möglichkeiten, welche das Handlungsfeld Kirche eröffnet, nicht *nur* wegen der *Glaubwürdigkeit* der Institution Kirche selbst geführt werden. Unabhängig von der Glaubwürdigkeitsfrage hat in der Tat das Friedensengagement der kirchlichen Gemeinschaft eine zentrale theologische Bedeutung, da dieses Engagement ein unverzichtbares Element des Verkündigungsauftrages selbst darstellt.

Das theologische Engagement für eine Ethik der Gewaltlosigkeit und das praktische Engagement für Gewaltlose ist in diesem Rahmen zu sehen. Dieses Ideal der Gewaltlosigkeit ist kein Luxus für bessere

---

* Dieser Text ist die erste Fassung eines Kapitels der Studie *Gewaltfreies Handeln in unserer Gesellschaft. Anstöße zur Diskussion.* Hrsg. von der Schweizerischen Kommission Justitia et Pax. Bern 1988.

1 Erasmus: *Quærela pacis,* Nr. 374.

2 Horkheimer, M.: *Kritik der instrumentellen Vernunft.* Frankfurt/M. 1972, hier 220.

Christen, sondern ein unverzichtbarer Bestandteil der christlichen Botschaft. Seine Realisierung kann in der Geschichte und bei jeweils anderen Kulturen ganz unterschiedliche Formen erfahren.
Die Verschiedenartigkeit der Gestalten sollten aber von der Kontinuität und von der Unverzichtbarkeit des ethischen Ideals Zeugnis ablegen.

1. Der historische Zwiespalt und die Ideologieanfälligkeit in der kirchlichen Ausführung des Friedensauftrages

Die Kirche, sowohl in ihrer Geschichte wie in ihrer jetzigen Verfassung, kann in der Vertiefung und in der konkreten Gestaltung ihres Friedensauftrages zwei permanenten Versuchungen ausgesetzt werden.

1.1. Die ekklesiozentrische Versuchung

Eine erste Versuchung kann als *klerikal-ekklesiozentrische Versuchung* bezeichnet werden. Damit ist gemeint, daß die Kirchen nicht nur eine Kraft zur Ermöglichung des Friedens in der ganzen Welt, sondern vielmehr selber Ziel ihrer Friedensanstrengungen sein sollen. Hier beinhaltet die Suche nach Frieden in der Welt vor allem die Suche nach äußerlich günstigen Lebensbedingungen für die kirchlichen Strukturen, damit sie sich sichtbar ohne Mühe entfalten können. In einer friedlichen Welt kann die Kirche optimal ihre Botschaft verkündigen, und ihre Amtsträger verkünden frei das Wort und feiern die Sakramente. Diese Tendenz, das eigene Selbsterhaltungsinteresse in den Vordergrund zu stellen, ist, mindestens partiell, verständlich und berechtigt. Die Kirche lebt aber auch und vor allem vom Glauben an ihre Vorläufigkeit im Hinblick auf den definitiven Frieden der erlösten Menschheit im Reiche Gottes. Wenn die Christen diese Hinordnung der Kirche zum Reich Gottes vergessen oder verdrängen, laufen sie Gefahr, in die ekklesiozentrische Versuchung zu geraten.
Diese Art, den Friedensauftrag der Kirche wahrzunehmen, ist in der Geschichte verschiedene Male vorgekommen. Hier sollte wegen ihrer Tragweite in der westlichen Christenheit die augustinische Version der ekklesiologischen Verengung kurz erwähnt werden. Sie ist bei Augustinus selbst schon vorhanden und findet im mittelalterlichen *"politischen Augustinismus"* ihre volle Entfaltung.
Die Geschichte ist nach Augustin grundsätzlich als ein Werk Gottes anzusehen. In ihr ist Gott als "friedenstiftend" tätig. Sie hat ihren zeitlichen Höhepunkt im Auftreten Christi und danach in der Gründung und in der Entfaltung seiner Kirche auf Erden erfahren und ihre ewige Ver-

wirklichung im himmlischen Reich außerhalb der Zeit in der Ewigkeit des Friedens Gottes gefunden. Falls Christen in ihrer zeitlich-geschichtlichen Situation friedlich leben können, sollten sie dies als Anlaß sehen, den sie benützen sollen, um das Reich Gottes zu verbreiten. Falls die geschichtliche Situation faktisch unfriedlich sein sollte, ist dieser Zustand auch als ein Geschenk der Gnade für Christen anzunehmen, damit die Gläubigen zeigen können, daß auch das politisch Gute auch nur durch christliche Sittlichkeit erreicht werden kann.[3] Wenn die Welt durch und durch christlich werden darf, durch die gewährte Freiheit und den Frieden für die Kirche, dann sind damit auch die Bedingungen für eine friedlichere Gesellschaft gegeben.[4]

Diese, den eschatologischen und den kirchlichen Frieden stark betonende Pespektive Augustins wurde im Mittelalter noch weiter radikalisiert. Hier wird augustinisches Gedankengut zum großen Teil vereinfacht und einseitig ausgelegt und im Dienste eines theokratischen Friedensprojektes angewendet. Zwischen dem Frieden der Kirche *(pax ecclesiæ)* und dem politischen Frieden im irdischen Reich *(pax imperii)* wird nicht mehr unterschieden, und beide Gestalten des Friedens werden in einem gegenseitigen Abhängigkeitsverhältnis betrachtet. Die von Augustin noch dialektisch und eschatologisch gedachte "Zwei-Städte-Lehre" wird zu einer "Zwei-Schwerter-Theorie" transformiert, und dies führt zu einer ständigen und alles anderen als friedvollen und gewaltlosen Konfrontation zwischen Papsttum und kaiserlicher Macht.

Dieser Gedanke "ist dem Mittelalter so ganz besonders in Fleisch und Blut übergegangen, weil derselbe mit dem urgermanischen Gedanken, daß die Hauptpflicht des Königs die Wahrung des Friedens sei, merkwürdig zusammentrifft. Und zwar ist dieser Gedanke im Mittelalter so selbstverständliches Gemeingut der politischen Anschauung geworden, daß er jedermann ohne weiteren Hinweis in seinem spezifischen Sinne gegenwärtig ist, etwa wie uns der Begriff der Freiheit."[5]

Die friedliche Harmonie, in der das Wohl des Imperiums und der Kirche zusammenkommen, so daß z.B. der Kaiser auch als Beschützer der

---

3 So Augustin im *Brief,* Nr. 138,17: "Gott demonstrierte an dem reichen und hervorragenden Imperium Romanum, was bürgerliche Tugenden ohne die wahre Religion vermögen. Damit man einsehe ... wie es mit der ewigen civitas wird."

4 Vgl. unter den vielen Stellen: *De civitate Dei,* II, 19.

5 Bornheim, E.: *Politische Begriffe des Mittelalters im Lichte der Anschauung Augustins,* in: Ideologie und Herrschaft im Mittelalter. Hrsg. von M. Kerner. Darmstadt 1982, 59-79, hier 64-65.

Kirche *(custos ecclesiæ)* angesehen wird, wird aber mit verheerenden Folgen innerhalb wie außerhalb der Kirche bezahlt.
Die Widersacher der Kirche, Häretiker oder Heiden, sind eine Gefahr nicht nur für die Verbreitung des Christentums, sondern auch für den irdischen Frieden. Gegen diese Gefahr ist sowohl die Kirche wie die politische Autorität berechtigt, gewaltsam, direkt oder indirekt (durch Delegation der Kompetenz an den *brachium saeculare,* d.h. an die weltliche Macht) vorzugehen.
Es ist nicht Aufgabe dieser knappen Skizze, historische Erklärungen für diese Friedens- und Gewaltauffassung vorzulegen. Hier dient die kurze Erwähnung der politischen Theologie Augustins und des politischen Augustinismus im Mittelalter nur dazu, die immanenten Gefahren einer Verabsolutierung eines einseitigen Friedensideals, hier interpretiert als Frieden der Kirche und als Frieden für die Kirche, zu erwähnen.
Heute ist die Gefahr eines theokratischen Kirchen- und Friedensverständnisses, mindestens für die christliche(n) Kirche(n), nicht mehr direkt gegeben. Dies bedeutet aber nicht, daß die Versuchung des Ekklesiozentrismus überholt sei. Auch heute stehen Christen in Gefahr, den Frieden unter den Menschen nur als eine "günstige Bedingung" der Evangelisation anzusehen oder als eine Gelegenheit zu interpretieren, welche lediglich den äußeren Rahmen für die Entwicklung der Heilsgeschichte darstellt. Gegen diese ekklesiozentrische Verkürzung des Friedensverständnisses ist zu Recht auch das II. Vatikanische Konzil eingetreten. "Das ist ein dringlicher Aufruf an alle Christen: Die Wahrheit in Liebe zu tun und sich mit allen wahrhaft friedliebenden Menschen zu vereinen, um den Frieden zu erbeten und aufzubauen."[6]
Positiv ausgedrückt bedeutet der Heraustreten aus der ekklesiologischen Engführung zweierlei:

- Durch die mindestens angestrebte *prinzipielle Interesselosigkeit* der Kirche den Machtverhältnissen in der Welt gegenüber sollte sie befähigt werden, ein Instrument der Versöhnung zu werden. Interesselosigkeit meint hier nicht Indifferenz dem friedlosen Zustand der Welt gegenüber, sondern Mangel an partiellen Interessen, wie sie normalerweise bei menschlichen Institutionen immer vorkommen. Die Kirche vertritt in diesem Sinne nicht eigene innerweltliche Projekte. Ihre eschatologische Ausrichtung sollte sie vor Machtgelüsten in dieser Welt immun machen.

---

[6] Gaudium et Spes, Nr. 74.5.

Das Gleiche gilt, wenn man die Kirche in ihrer Verankerung und Rückbindung in der Friedensbotschaft Jesu sieht. Jesus hat sich der Versuchung, selbst an die weltliche Macht zu kommen, ständig entzogen. In Wirklichkeit wird in zu vielen Situationen, sowohl im Makro- wie im Mikrobereich, ein Prozeß der Versöhnung durch die Kirche deswegen noch nicht in Gang gebracht, da sie in die Konflikte selbst parteisch verstrickt ist. Die Christen sollten sich immer bewußter werden, daß Versöhnungsfähigkeit und Bereitschaft zum Machtverzicht eng verknüpft sind.

- Wenn man versucht, sich von der ekklesiologischen Verengung zu befreien, dann wird man befähigt, auch *friedlicher* mit innerkirchlichen Konflikten umzugehen. Letztere wurden und werden allzuoft *"gewaltsam"* (sei es mit physischer Gewalt und/oder mit symbolischen Verbannungsprozessen) wenn nicht gelöst, so doch mindestens aufgelöst. Gewaltlosigkeit, d.h. argumentierendes Umgehen mit Differenzen, soll auch in der Kirche zum Gebot werden.

1.2. Die Versuchung der Privatisierung

Eine zweite Gestalt oder "Versuchung" des historischen Zwiespalts und der Ideologieanfälligkeit, in dem der Friedensauftrag der Kirche Gefahr läuft zu degenerieren, ist die der *Privatisierung*.
War die erste Versuchung eine vornehmlich vorneuzeitliche, hat doch die zweite vor allem in der Neuzeit ihre Entfaltung erfahren. Seit dem 16. Jahrhundert, nach der bitteren Erfahrung der Religionskriege, hat in der Theologie vor allem eine Auffassung geherrscht, welche zwischen dem Frieden der Personen und dem Frieden der Staaten unterschieden hat. Diese Auffassung wurde auch vom nun säkular gewordenen Staat begünstigt, und dies mit verschiedenen Argumenten.
Zum ersten behaupten die meisten neuzeitlichen politischen Philosophien, daß Frieden im Staat und unter den Staaten nur eintreten kann, wenn der Wahrheitsgehalt einer bestimmten Religion nicht mehr direkt (durch eine kirchliche Institution) oder indirekt (durch staatlich angeordnete und verbreitete "Zivilreligion") zum Grundprinzip der gesellschaftlichen und staatlichen Ordnung gemacht werden muß.
Darüber hinaus, durch diesen zu Recht geschehenen Entzug der Macht der Kirche, übernimmt der säkulare Staat selber Allmachtszüge. Als einziger Garant und Subjekt eines friedlichen Zusammenlebens kann er allen eine Art Staatsraison aufzwingen: *"Protego, ergo obligo"*, d.h. "Ich schütze, also zwinge ich."

Das dialektische Verhältnis zwischen Gerechtigkeit und Frieden ist nun hier gebrochen. "Diese neue pax civilis duldete dann da, wo sie herrschte, keine gesonderten Friedensbereiche mehr; der eine Staat kannte nur noch einen, nämlich seinen Frieden ... . Staat und Frieden wurden später in der Vorstellungswelt des 18. und 19. Jahrhunderts in einem solchen Maße einander begrifflich zugeordnet, daß dies terminologische Konsequenzen hatte: Der Begriff der pax civilis wurde aufgezehrt durch jene Begriffe, die von jeher seinen spezifischen Sinngehalt ausgemacht haben, öffentliche Ruhe und Sicherheit."[7]
Es sollten hier aber auch die negativen Folgen dieses Entflechtungsprozesses für Theologie und Kirche erwähnt werden. Indem die Kirche(n) sich den säkularen Bedingungen ihrer Existenz zu unreflektiert fügt, nimmt sie gleichzeitig den eigenen Friedensauftrag zu partiell, nur für das innerliche Leben der Gläubigen wahr. Privatisierung der christlichen Friedensbotschaft einerseits und eine resignierende Haltung der weltlichen Welt und ihrer Unordnung und ihrem Unfrieden gegenüber sind das Resultat dieser hilflosen Halbierung des kirchlichen Friedensauftrags. Durch diese Verkürzung der Botschaft und des Auftrages wird, gegen bewußte und unbewußte Erwartungen der Theologie dieser Zeit, das Leben innerhalb der christlichen Gemeinschaft auch nicht unbedingt "friedlicher." Vor allem in der katholischen Tradition der frühen Neuzeit gelten die Machtverhältnisse in der Kirche als Ausdruck göttlichen Rechtes. Der innerkirchliche Friedensbeitrag der Laien liegt konsequenterweise in ihrem Gehorsam den Amtsträgern gegenüber. Nur durch diesen Gehorsam geht die irdische Kirche den Weg zur vollständigen Vervollkommnung in die friedliche civitas Dei.
In der Tat wirkt diese vertikale und zugleich enge Auffassung des innerkirchlichen Friedens entmündigend den Laien gegenüber, und darüber hinaus führt sie indirekt zu deren unverantwortlichen Entpolitisierung. Durch die Sammlung der Laien unter einem fast ausschließlich kirchlichen Friedensinteresse wird das Kirchenvolk von anderen politischen Problemen ferngehalten. Eine autonome Auseinandersetzung mit Fragen der pax civilis bzw. ein unabhängiges Engagement für diesen Frieden wird von der Hierarchie in dieser Zeitepoche eher verhindert als gefördert. Implizit wird dadurch reaktionären Kräften Vorschub geleistet, und positive Kräfte für ein friedliches Handeln in der Welt werden absorbiert und depotenziert.

---

7 Jannsen, W.: *Krieg und Frieden in der Geschichte des europäischen Denkens*, in: Kirche zwischen Krieg und Frieden. Hrsg. von W. Huber und J. Schwerdtfeger. Stuttgart 1976, 67-128, hier 81.

Erst in den letzten Jahrzehnten dieses Jahrhunderts, vor allem im Zusammenhang mit dem II. Vatikanischen Konzil, wurde diese ekklesiologische Engführung mindestens teilweise überwunden. Durch eine intensivere und mündigere Teilnahme am Kirchenleben werden auch Energien für eine Praxis des Friedens in der säkularen Welt ausgelöst. Andererseits führt das stärkere Engagement von Kirchenmitgliedern in der Friedensarbeit dazu, innerkirchliche Differenzen und Konflikte sensibler als bisher wahrzunehmen und ihre Bewältigung zu versuchen. Engagement *nach innen* und *nach außen* sollten sich nicht widersprechen, sondern eher gegenseitig verstärken. Durch Friedensarbeit und Praxis der Gewaltlosigkeit geht in der Tat keine Zeit für die Kirche verloren, sondern dadurch wird sie immer brüderlicher bzw. schwesterlicher aufgebaut, d.h. sie wird immer mehr, was sie nach der eschatologischen Zusage Christi sein soll.

2. Einige Grundzüge des heutigen Friedensdienstes durch die Kirche

Es ist sicherlich hier nicht auch nur annähernd möglich, das Thema systematisch zu behandeln. Es sollen nur einige Perspektiven zum Nachdenken und Vertiefen eröffnet werden, welche auch die immer noch innerkirchlich stattfindende Diskussion zum Friedensauftrag bereichern sollten.

2.1. Verarbeitung der Geschichte

Eine erste unerläßliche Dimension des kirchlichen Friedensdienstes realisiert sich in der bewußten Wahrnehmung und kritischen Verarbeitung der oben skizzierten geschichtlichen Verkürzungen und Verzerrungen der christlichen Botschaft. Dies sollte nicht nur aus nostalgischen oder neugierigen Gründen der Kirchengeschichte gegenüber geschehen, sondern aus der inneren Notwendigkeit für die Kirche, über die eigenen geschichtlichen Wandlungen nachzudenken. Nur ein kritisches Gedächtnis der Wirkungsgeschichte des Christusgeschehens kann in der Tat befreiend wirken und die Kreativität für die jetzige und die künftige Praxis der Christen nähren.

2.2. Verschiedene Interventionen und Einsätze

Der heutige Friedensauftrag der Kirche(n) sollte sich mit der gleichen Intensität auf zwei Ebenen abspielen:

Die Ebene der Institutionen: Hier gilt es vor allem, Formen zu bewahren und neu zu gestalten, welche konfliktmindernd und friedensstiftend sind. Die "Demokratisierungsbemühungen", welche in den letzten Jahren vor allem in der katholischen Kirche stark und scharf einerseits angemeldet und andererseits kritisiert worden sind, sollten als ein Beitrag zum Frieden verstanden werden. Nicht so sehr *formal* demokratische Formen innerhalb kirchlicher Strukturen sollten in erster Linie angestrebt werden, sondern eher echte Transparenz (Gewaltentrennung, Rekurs- und Verteidigungsmöglichkeiten im Konflikt), Vielfalt in der Einheit und Kompromißfähigkeit.[8] Was die Verhältnisse der Kirche(n) nach außen angeht, so sind die Gestalten eines Friedensbeitrages durch die Kirche(n) vielfältig und doch gleichzeitig zu entfalten. Es seien nur drei davon hier kurz erwähnt:

- Die Kirche würde sicherlich einen Friedensdienst leisten, wenn sie bereit wäre, die verschiedenen Versionen der *"Lehre des gerechten Krieges"* ideologiekritisch zu hinterfragen, da sie selbst in der Geschichte einen entscheidenden Beitrag zu deren Entwicklung und Verbreitung geleistet hatte. Vor allem die impliziten Staatsauffassungen, welche hinter den verschiedenen Auslegungen dieser Lehre stehen, sollten beleuchtet werden.
  Besonders hier in der Schweiz, wird diese Lehre ideologisch ausgelegt, indem man im voraus jeden möglichen bewaffneten Einsatz der Schweizer Armee als ethisch legitim und sogar für alle verpflichtend hinstellt. Die Lehre selbst ist aber, wenn man sie richtig rekonstruiert und interpretiert, nicht in der Lage, so viel auf einmal zu leisten. Sie wurde z.B. damals nicht formuliert, um die *Vorbereitung des Krieges* zu legitimieren, sondern seine Durchführung. Die *Abschreckungstheorien,* denen sich auch die Schweiz verpflichtet stellen andere ethische Probleme dar, welche neue Antworten verlangen. Die Kirchen in unserem Lande sollten sich also vor allzu schnellen Vereinnahmungen in diesem Bereich hüten und verteidigen.

---

[8] Vgl. Friedli, R.: *Frieden wagen.* Freiburg i. Ue. 1981.

- Darüber hinaus bedeutet Nachdenken der Kirche über ihren Friedensauftrag zugleich auch ein Nachdenken über die eigenen institutionalisierten Verhältnisse zum Staat. Diese Verhältnisse könnten u.U. auch eine Gefahr für den Frieden darstellen: Denken wir nur an bestimmte gesellschaftliche Konstellationen wie z.B. die irische oder die libanesische, dann wird uns die Brisanz dieses Zusammenhanges einleuchten.
  Es braucht aber nicht so weit zu gehen. Auch in unserem Lande sind geschichtlich gewachsene Verstrickungen vorhanden, wie etwa die verschiedenen Formen der *helvetischen Zivilreligion*,[9] welche nach einer dezidierteren Unterscheidung zwischen Zielen der Kirche und Zielen des Staates in der Friedensfrage rufen. Unreflektierte gegenseitige Loyalitäten sollten zuerst erkannt und dann hinterfragt werden, damit nicht ungewollt die Schweizer Geschichte allzu schnell heilsgeschichtliche Züge annimmt.

- In diesem Zusammenhang ist die Zentralität der Forderung von Religions- und Gewissensfreiheit für die Sache des Friedens evident. Dies hat Konsequenzen, nicht nur für die Verfassungsorgane der einzelnen Staaten, sondern auch für die Organisation und das innere Leben der Kirche(n) selbst. Innerkirchliche Repression, ohne bis zum letzten die Möglichkeiten des Dialogs ausgeschöpft zu haben, repräsentiert eine echte Gefahr für den Frieden auch in der Welt.

Die Ebene der spontanen zwischenmenschlichen Beziehungen: Hier sollte in Gruppen eine Praxis des Friedens eröffnet werden, die einige spezifische Züge aufweist:

- Dort, wo nur monodirektionale Information läuft, sollte asymmetrische Informationsarbeit, d.h. eine Information, welche nicht automatisch bestehende Machtverhältnisse widerspiegelt, unternommen werden unter dem Motto: "In der Kirche ist möglich, was sonst anderswo unmöglich ist." Diese Strategie ist in der Kirche nur dort denkbar, wo ein Glaube vorhanden ist, welcher

---

9 Vgl. dazu meinen Beitrag *Les univers religieux et les univers politiques. Enjeux méthodologiques à partir de l'exemple suisse,* in: Religion et domaine public. Actes de la 17ème Conférence internationale de sociologie des religions. London 1983, hier 43-55.

Interesselosigkeit der kirchlichen Institution sich selbst gegenüber impliziert bis zu einem Gewaltverzicht, der eventuell auch im Martyrium seinen letzten Ausdruck finden kann.
Als mögliche Konkretisierung seien hier genannt: Information zwischen Christen, Juden und Arabern in einem Kontext der totalen Kommunikationslosigkeit oder in der Schweiz Begegnungen zwischen EMD-Funktionären und Kriegsdienstverweigerern. Überall sollte die Kirche sich so querstellen, daß daraus neue Begegnungen möglich werden. Damit das möglich wird, ist auch eine *Einübung* in die *Praxis der Gewaltlosigkeit* nötig. Sie fängt schon bei der Kindererziehung an und nimmt in den verschiedenen Lebensetappen immer neue Formen an. Obwohl man sich vor der Illusion der totalen Herstellbarkeit von Frieden durch gezielte Erziehung hüten soll, muß man doch zugeben, daß die Resultate der *Friedenserziehungsarbeit* in den verschiedenen Humanwissenschaften innerhalb der Kirche noch nicht genügende Beachtung und Praktizierung gefunden haben.
Zu dieser Einübung in die gewaltlose Bewältigung von Konflikten gehört auch die Beachtung einer *gewaltlosen Sprache.* Untereinander Sprechen ist nicht nur als Mitteilung von Gedanken anzusehen. Sprache vermittelt ebenfalls Gefühle, Emotionen, Absichten. Durch die Sprache werden auch bestimmte bestehende Machtverhältnisse zementiert und legitimiert. Sprache kann in diesem Sinne Konflikte sogar verschärfen, indem sie den Gegner in seinen Vorurteilen noch bestätigt.
Auch hier ist aber eine alternative Einübung möglich. Man kann so sprechen lernen, daß die Hörer/innen das Gesagte nicht als Angriff und moralische Vernichtung ihrer Person verstehen müssen. Die Strukturen des Vorurteils sind sehr komplex und hart. Sie lassen sich nicht nur durch *Sprachtraining* restlos bewältigen. Dies soll uns aber nicht hindern, unsere Sprache *friedfertiger* zu gestalten.
Dies gilt auch für die *Sprache der Kirche.* Allzuoft klingt sie so, daß dadurch viele Empfänger/innen sich beleidigt fühlen. Das Resultat dieser *"gewaltigen"* Sprache kann auch das der *innerkirchlichen Kommunikationslosigkeit* sein. Dadurch leistet eine solche Sprache keinen Dienst für den Frieden innerhalb der christlichen Gemeinschaft.
Auch die Theologie läuft Gefahr, *"gewaltig"* zu reden. Dies geschieht vor allem, wenn sie vom Frieden so allgemein redet, daß niemand sich davon betroffen fühlt. *Kontextuelle Theologien,* d.h. Theologien, welche bewußt in einem soziokulturellen

Kontext reflektieren und sprechen, sind im Hinblick auf die Friedensproblematik nicht nur legitim, sondern bitter notwendig.

- Da die christlichen Gemeinden sehr oft an bestehenden Polarisierungen vorbeileben, d.h. die Existenz von verschiedenen gesellschaftlichen Interessen bei ihren Mitgliedern übersehen oder verdrängen, sollten sie sich immer mehr einmischen und Stellung beziehen, so daß dabei auch ein Stück Versöhnung innerhalb der Kirche selbst erfahren werden kann. Es gibt für Ortsgemeinden zunehmend Möglichkeiten, "gute Dienste leisten zu können." Dies ist auch bei uns in der Schweiz möglich und nötig: in Gemeinden mit Streitigkeiten wegen einer Autobahn, eines Kernkraftwerkes usw.
  Zum kirchlichen Friedensdienst gehören auch Versuche, sich mit den Opfern von Gewalt zu identifizieren. Dies ist nicht immer leicht zu unternehmen, da die konkrete Gestalt dieser Identifizierung sehr verschieden aussehen kann. Denken wir an die Versöhnungsarbeit zwischen Tätern und Opfern im Bereich des Strafrechtes oder an die Kriegdienstverweigerer. Den letzteren gegenüber zeigt die Kirche in jüngster Zeit ein gewisses Verständnis, aber noch keine spezifische Unterstützung und Identifikation. Auch hier sollten Elemente aus der Tradition übernommen und aktualisiert werden. Denken wir an das Privileg der Befreiung vom Militärdienst für Kleriker und Ordensleute. Statt automatische Privilegien für sich selbst zu postulieren, sollte hier die Kirche diejenigen, welche die herrschenden Friedensvorstellungen radikal in Frage stellen, schützen und weiter motivieren. Dies kann nicht geschehen, ohne die Modalitäten der eigenen Präsenz in der Friedensfrage zu überprüfen. Für die Schweiz sei hier auf das Statut der Feldprediger hingewiesen. Ohne die Notwendigkeit der Seelsorge innerhalb der Armee leugnen zu wollen, scheint es uns, daß die Modalitäten derselben kritisch überprüft und revidiert werden sollten.

- Sakramente und Liturgie, insbesondere das Feiern der Eucharistie, müßten immer mehr konkrete Friedenszüge annehmen. Diese sollten also im Vollzug des Sakramentes das sichtbar machen, was sonst normale gesellschaftliche Beziehungen und Ritualien nicht leisten können, nämlich Versöhnung und Vergebung. Dies ist z.B. konkret in der Versöhnung von Straftätern mit der Gesellschaft, von Jugendlichen mit Erwachsenen, von Einheimischen mit Ausländern möglich.

Es kann aber auch geschehen, daß der Friedensdienst der Kirche den Verzicht auf den rituellen Vollzug verlangt. Verzicht hier im Sinne vom Ausbleiben eines Ritus, wenn dieser seine eigene Zeichenhaftigkeit nicht mehr ausdrücken kann, sondern Gefahr läuft, zum Zeichen des Gegenteils zu werden. So ist es unter gegebenen Umständen sinnvoll, auf die Eucharistie punktuell zu verzichten und sie durch ein rituelles Fasten zu ersetzen. Dieser Verzicht ist nur vorläufig, da er selber zu friedlicheren Bedingungen des Versöhnungsvollzuges in der Eucharistie führt. Sowohl Feiern wie Verzichten sind Kontrasterfahrungen, welche die christliche Gemeinde lehren, Frieden nicht nur abstrakt nachzuvollziehen, sondern konkret zu erleben. Diese liturgische Erneuerung verlangt viel größere Energien als diejenige, welche in den letzten Jahrzehnten in der katholischen Kirche vollzogen worden ist. Riten werden nicht nur äußerlich revidiert, sondern darüber hinaus wird versucht, ihre Zeichenhaftigkeit konkret zu füllen.

Diese Überlegungen wollten nur zeigen, daß es keine Konkurrenz und keinen Gegensatz zwischen dem Engagement der Christen für den Frieden ad intram und dem Engagement ad extram geben darf. Der Christ ist legitimiert, den Frieden überall zu suchen. Die Kirche ist in diesem Sinn kein besonderer Ort, wo allgemeine ethische Kriterien der Friedenssuche nicht gelten würden, sondern eher ein Ort, wo das, was ethisch mit Mühe gesucht wird, uns gnadenhaft als Geschenk erfahrbar gemacht wird.
Gebet und Gottesdienst einerseits und gesellschaftspolitische Tätigkeit andererseits nähren sich von der gleichen Überzeugung und stehen in einem inneren Zusammenhang. *Mystik und Politik* fallen in dieser Perspektive nicht auseinander, sondern profitieren voneinander. Die Schwäche der Kirchen in der industrialisierten Welt ist vor allem die der einseitigen Spiritualisierung und Privatisierung. Man betet für den Frieden, aber dieses Beten ist nicht mit einer dem Gebet adäquaten Praxis verbunden. Daraus entsteht das Gefühl der Nutzlosigkeit des Gebetes. Es ist das Gebot der Stunde, die Einheit zwischen beiden Größen mit neuen Formen wieder herzustellen. Dann wird das Wort *Frieden* bei uns allen auch anders klingen und unsere Praxis befruchten.

XIII. INDIVIDUALETHISCHE IDEALE UND SOZIALETHISCHE KOMPLEXITÄTEN IN DER ARBEIT DER EUROPÄISCHEN JUSTITIA ET PAX-KOMMISSIONEN

Ich möchte hier,* durch die Gattung des *Essays*,[1] einige ethische Reflexionen zum Verhältnis zwischen indivualethischen Ansprüchen und sozialethischen Herausforderungen im Kontext der kirchlichen Sozialverkündigung vorlegen. Ich gehe dabei betont subjektiv von der biographischen Erfahrung einer dreijährigen Tätigkeit bei *Justitia et Pax* aus[2] und versuche nun, sie auch theoretisch, im Dienste einer sozialethischen Theoriebildung, zu reflektieren und fruchtbar zu machen. Indem ich dies unternehme, tue ich nicht etwas Besonderes, sondern versuche nur, eine ständige Aufgabe jedes Theologen, ja sogar jedes Christen, die eigene kirchliche Praxis kritisch und ethisch zugleich zu beleuchten, zu erfüllen.

Hier kommt der Sozialethiker gleich zweimal thematisch vor: einmal als Subjekt der Disziplin, welche über seine institutionelle Tätigkeit nachdenkt, und dann als Gegenstand der sozialethischen Reflexion zugleich.

1. "Justitia et Pax": der geschichtliche Ausgangspunkt

Die Notwendigkeit einer Institutionalisierung der sozialethischen Reflexion über die weltweiten Formen der Ungerechtigkeit wurde innerhalb der katholischen Kirche schon vom Zweiten Vatikanischen Konzil ausgedrückt. In der Pastoralkonstitution *Gaudium et Spes* wird diese Notwendigkeit mit einem sehr allgemeinen Postulat, aber doch präzis, im Sinne der Schaffung einer ad-hoc-Institution, formuliert:

> "Schließlich ist zu wünschen, daß die Katholiken zur rechten Erfüllung ihrer Aufgabe in der internationalen Gemeinschaft eine tatkräftige und positive Zusammenarbeit anstreben mit den getrennten Brüdern, die

---

* Erschienen zuerst im Jahrbuch für christliche Sozialwissenschaften 30 (1989) 189-200.

1 Hier im ursprünglichen Sinne des Wortes, d.h. als *"Versuch"*, gemeint.

2 Bis 1987 leitete ich die Europäische Konferenz *Justitia et Pax* und deren *"Comité de continuité."* Seit 1979 bin ich Mitglied der gleichnamigen schweizerischen Kommission.

> sich gemeinsam mit ihnen zur Liebe des Evangeliums bekennen, und mit allen Menschen, die den wahren Frieden ersehnen.
> Aber angesichts der zahllosen Drangsale, unter denen der größere Teil der Menschheit auch heute noch leidet, hält es das Konzil für sehr zweckmäßig, ein Organ der Gesamtkirche zu schaffen, um die Gerechtigkeit und Liebe Christi den Armen in aller Welt zuteil werden zu lassen. Seine Aufgabe soll es sein, die Gemeinschaft der Katholiken immer wieder anzuregen, den Aufstieg der notleidenden Gebiete und die soziale Gerechtigkeit unter den Völkern zu fördern."[3]

Einige Jahre danach stellte Papst Paul VI in seiner Enzyklika *Populorum Progressio* nicht nur eine Grundlagenreflexion über die Kategorie der Entwicklung und ihre ethische Relevanz in den Vordergrund, sondern versuchte auch daraus Konsequenzen für die kirchliche Praxis zu ziehen. Im letzten Teil seines Rundbriefes sieht er als natürliche Folge der Anliegen des Zweiten Vatikanischen Konzils die Schaffung eines sozialethisch ausgericheteten Gremiums in der Römischen Kurie vor:

> "Wir haben es für Unsere Pflicht erachtet, den bereits bestehenden Behörden der Römischen Kurie eine Päpstliche Kommission hinzuzufügen, deren Aufgabe es sein soll, 'im ganzen Volk Gottes die Einsicht zu wecken, welche Aufgaben die Gegenwart von ihm fordert: die Entwicklung der armen Völker vorantreiben, die soziale Gerechtigkeit zwischen den Nationen fördern; den weniger entwickelten Nationen helfen, daß sie selbst und für sich selbst an ihrem Fortschritt arbeiten können'. Gerechtigkeit und Friede ist Name und Programm dieser Kommission."[4]

Die praktische und organisatorische Umsetzung dieses Grundprogrammes war schon einige Monate zuvor mit dem "Motu Proprio" *Catholicam Christi Ecclesiam*[5] festgelegt.

---

[3] *Gaudium et Spes*, Nr. 90.

[4] *Populorum progressio*, Nr. 5.

[5] Vgl. die offizielle Ausgabe in: AAS 59 (1967) Nr. 6.

Im Anschluß an diese programmatischen Äußerungen des Papstes bilden sich immer mehr *nationale Justitia et Pax-Kommissionen* als den jeweiligen Bischofskonferenzen mehr oder weniger angegliederte Gremien.
Im Jahre 1968, wenige Monate nach der Veröffentlichung von *Populorum Progressio,* geben einzelne Kommissionen ihre ersten Stellungnahmen zu bestimmten sozialen Problemen heraus. Die Notwendigkeit einer gegenseitigen Information und Koordination meldet sich relativ rasch, und schon im Jahre 1969 findet eine erste informelle europäische Zusammenkunft statt. Es bilden sich eine *Conférence européenne,* in der alle europäischen *Justitia et Pax*-Kommissionen Einsitz nehmen, und darüber hinaus ein *Comité de continuité* als Koordinationsorgan der Länder, in denen die Kommissionen schon sehr strukturiert und handlungsfähig sind. Im Rahmen dieser Gremien wird auch versucht, eine erste provisorische Bestandsaufnahme der Struktur und der Tätigkeit der verschiedenen Kommissionen zu unternehmen.
An diese durch die Verteilung eines detallierten Fragebogens erarbeitete Analyse[6] werden auch meine sowohl organisatorischen als auch inhaltlichen Überlegungen knüpfen und sich orientieren, ohne damit den Befunden dieser ersten Bestandsaufnahme eine direkte ethisch-theologische Würde verleihen zu wollen.

2. *Ekklesiologische Gedankenassoziationen*

Ein erster Blick auf die *Zusammensetzung* und auf den *Ernennungsmodus* verschiedener Kommissionen gibt schon einen ersten indirekten und oberflächlichen Eindruck über die ekklesiologischen Vorstellungen und Annahmen der Bischofskonferenzen der jeweiligen europäischen Länder.
So war z. B. die polnische Kommission bis vor kurzem praktisch nur von Bischöfen gebildet, welche kompetente Priester und Laien als beratende Experten zuließen. Die schweizerische Kommission hingegen, um eine andere konkrete Illustration zu erwähnen, sieht die Präsenz eines Bischofs vor, aber nicht als Mitglied der Kommission, sondern als Verbindungsinstanz zur Bischofskonferenz.
Durch diese zwei Beispiele, welche durch viele andere Variationen noch aussagekräftiger werden könnten, wird eine erste ekklesiologische Problematik sichtbar. Soll durch die Kommission *Justitia et Pax* in

---

[6] Vgl. *Les Commissions nationales Justice et Paix en Europe.* Paris - La Haye 1985.

erster Linie die episkopale Struktur der katholischen Kirche und dadurch die innerkirchliche Verbindlichkeit sichtbar gemacht werden, oder soll der humanwissenschaftlichen und der sozialethischen Kompetenz der Vorrang gegeben werden?
Die verschiedenen Episkopate Europas haben hier je andere Akzente gesetzt. Letztere sind nicht nur von ekklesiologischen Optionen abhängig, sondern implizieren im gleichen Atemzug eine Beurteilung der politischen Institutionen des eigenen Landes. Dort, wo man demokratische Mechanismen am Werke sieht oder zu sehen meint, neigen die Bischöfe zur Schaffung von gemischten Gremien, in Zusammenarbeit mit Laien/innen, welche aufgrund ihrer Fachkompetenz gewählt werden. In den Ländern, in denen die Bischöfe meinen, mit eher totalitären Strukturen konfrontiert zu sein, neigen die Hirten zu Organisationsformen, welche die Verbindlichkeit des Bischofsamtes auch in gesellschaftspolitischen Fragen begünstigen und betonen.
Diese je anders aussehende gesellschaftliche Verankerung in der Einschätzung und in der Gestaltung des sozialethischen Auftrages der Kirche hat aber nicht nur mit politischen Lagebeurteilungen zu tun. Hinter diesen organisatorischen Präferenzen stehen auch theologische und ekklesiologische Sensibilitäten und Wahrnehmungen.[7] Einige davon möchte ich hier kurz erwähnen:

- Einige Bischofskonferenzen möchten gern selber die sozialethischen Dringlichkeiten und Prioritäten des eigenen Landes entziffern und behandeln können. Die Einrichtung der *Justitia et Pax*-Kommission der Bischofskonferenz dient der Konkretisierung der Auftragswahrnehmung durch die Bischöfe selbst.

- Es gibt aber auch Bischofskonferenzen, welche eine anders gelagerte Ekklesiologie vertreten. Sie sind eher der Auffassung, daß die sozialethische Kompetenz im Prinzip (wenn auch mit je anderen konkreten Gestalten und Begabungen) jedem Glied des Volkes Gottes gegeben worden ist und daß es darauf ankommt, dieser geschenkten Vielfalt der Gaben Gottes in der Kirche und auch im spezifischen Gremium, wie eben *Justitia et Pax*, gerecht zu werden.

---

7 Vgl. zu diesem Komplex, welcher nicht nur der katholischen Tradition, sondern jeder christlichen Kirche eigen ist, in evangelisch-reformierter Perspektive: Ruh, H.: *Sozialethischer Auftrag und Gestalt der Kirche. Ekklesiologische Konsequenzen der sozialethischen Forschung der letzten drei Jahrzehnte in Theologie und Ökumene*. Zürich 1971.

Die besagten Kommissionen sollten also aus Laien/innen, Priestern und Ordensleuten zusammengesetzt sein.

- Über diese zwei alternativen Sensibilitäten hinaus gibt es aber auch Bischofskonferenzen, die sich eher mit ekklesiologischen Auffassungen anfreunden können, welche die Kompetenz in Glaubensfragen der Amtskirche und die sozialethische Kompetenz spezifisch "den Laien" delegieren möchten. Diese Tendenz hat sich auch an der letzten Bischofssynode in Rom besonders hervorgetan. Hinter dieser ekklesiologischen Position stehen aber, auch wenn nicht direkt sichtbar, zwei verschiedene theologische und politische Sensibilitäten, die hier am Werke sind.
  Eine erste betont die Eigenständigkeit der Laien in gesellschaftspolitischen Fragen, um sich selbstkritisch vor der möglichen Gefahr des Klerikalismus zu bewahren. Die Bischöfe und Bischofskonferenzen, welche durch diese Sensibilität besonders gekennzeichnet sind, möchten nicht unbedingt einigen besonders ausgewählten Laien eine Art "sozialethisches Amt" übergeben, sondern eher die Grundverpflichtung jedes Gläubigen für eine ethische Gestaltung des gesellschaftlichen Zusammenlebens hervorheben.
  Es gibt aber auch eine theologische und zugleich gesellschaftspolitische Tendenz, welche in der Bildung von "gemischten" Gremien wie den *Justitia et Pax*-Kommissionen eine mögliche Gefahr sowohl für die Ausübung des Bischofsamtes als auch für die *"Autonomie der Laien"* in politischen und gesellschaftlichen Fragen befürchtet.[8] "Ein besonderes Problem", so betont in diesem Zusammenhang der bekannte Spezialist der Soziallehre der Kirche, A. F. Utz, "sind die Stellungnahmen der bischöflichen Kommissionen 'Justitia et Pax'. An sich erwartet der Katholik bischöfliche Weisungen vom Bischof selbst. Etwas anderes sind die Verlautbarungen von katholischen Institutionen, die von Laien gebildet werden und sich nicht mit dem hierarchischen Epitheton 'bischöflich' schmücken. Man weiß, daß in manchen Diözesen der Welt die Mitglieder von 'Justitia et Pax' einer ganz bestimmten sozial- und wirtschaftspolitischen Orientierung ver-

---

8 Die Position ist in der Literatur nicht sehr dokumentiert, aber nichtsdestoweniger verbreitet. Eine exemplarische Illustration habe ich in einem Aufsatz des Sozialethikers A. F. Utz gefunden. Vgl. Ders.: *Der Bischof und die politische Frage*, in: Ders.: *Ethische und soziale Existenz*. Hrsg. von H. B. Streithofen. Walberberg 1983, 379-386.

haftet sind, so daß Stimmen aus anderen Kreisen darin kein Echo finden können. So nützlich die Kommission 'Justitia et Pax' an sich sein kann, so sollte sie doch nicht zur Bürokratisierung bischöflicher Gewalt beitragen."[9] Hier wird einiges, sowohl in ekklesiologischer als auch in sozialethischer Perspektive, mißverstanden. Es geht zuerst in der Tat nicht darum, die Schaffung eines Gremiums zu postulieren, welches direkter Ausdruck des Bischofsamtes wäre. Es geht auch nicht darum, einen "Laienclub" zu wünschen, welcher für alle anderen Gläubigen richtungsweisend sein soll. Weder die spezifischen Kompetenzen des Bischofs noch die 'relative' Autonomie der *Christifideles* (also sowohl Kleriker als auch Laien/innen) in gesellschaftspolitischen Urteilen werden durch die Tätigkeit einer *Justitia et Pax*-Kommission prinzipiell in Frage gestellt. Ihre Tätigkeit soll eher jenseits des Gegensatzes "Kleriker-Laien" angesehen werden. Sie ist Ausdruck von gesellschaftlichem Auftrag und Verpflichtung der Gesamtkirche, in allen ihren Komponenten, Ämtern und Charismen. *Justitia et Pax*-Kommissionen dienen also nicht so sehr zur definitiven normativen Orientierung der Katholiken eines Landes, wenn es darum geht, eine konkrete Position in einer Abstimmung oder Wahl auszudrücken, sondern sie sollen eher als Ort der *sozialethischen Dauerreflexion* der verschiedenen Komponenten des Volkes Gottes in einem bestimmten gesellschaftlichen Kontext dienen.

Alle diese Hinweise auf mögliche ekklesiologische Annahmen und/ oder Schwierigkeiten wurden hier erwähnt mit der Absicht, die Problematik nicht so sehr definitiv lösen zu wollen, sondern um zeigen zu können, wie organisatorische Entscheidungen in diesem Bereich zugleich theologisch und ethisch 'besetzt' sind. Die Tätigkeit der Kommissionen wird somit strukturell immer mit ekklesiologischen Überlegungen zur optimalen 'Arbeitsteilung' des sozialethischen Auftrages in der Kirche verbunden bleiben.

---

[9] a.a.O. 385-386.

3. Einige thematische "Knotenpunkte" in der Tätigkeit der Kommissionen

Es gibt über diese Fragen hinaus, welche mit dem ekklesiologischen Selbstverständnis der Kommissionen verbunden sind, noch andere Probleme der Tätigkeit von *Justitia et Pax,* welche theologisch und sozialethisch relevant sind. Die Auflistung der behandelten Themen[10] gibt indirekt Auskunft über die Sensibilität der jeweiligen Kommissionen in der Einschätzung des materiellen Umfeldes, welche dem *sozialethischen Auftrag* der Kirche zugeschrieben wird. Die mit den Worten *Justitia* bzw. *Pax* erwähnten Problemkreise werden von den verschiedenen Kommissionen als selbstverständliche Ausübungsfelder ihrer Tätigkeit angesehen. In der Analyse der darunter subsumierten konkreten Themen zeigt sich aber die je anders gelagerte Gewichtung und das je anders bewertete Verständnis der Gerechtigkeit bzw. des Friedens.

So nehmen die meisten Kommissionen das Stichwort 'Frieden' in ihrer zwischenstaatlichen oder außenpolitischen Dimension wahr und behandeln explizit die ethischen Probleme der Abrüstung bzw. der Waffenanschaffungs- und Waffenausfuhrpolitik. Nur wenige Kommissionen behandeln aber Probleme der inneren Spannung in einem Staat (die Sprachenfrage, die Autonomie von Ethnien, die Präsenz von besonderen Gruppen in einem Staat) als spezifische *friedensethische* Probleme. Hier ist eine Tendenz feststellbar, solche Themen noch spezialisierteren Gremien zu überlassen (z.B. "Jugendkommission", Kommission für Gastarbeiter). Durch diese vorschnell spezialisierte Wahrnehmung und Delegierung von Spannungsfeldern geht meiner Meinung nach einiges an ethischer Brisanz in der Behandlung der Probleme selbst verloren.

Es gibt thematische Bereiche, welche insofern für unser Vorhaben hier relevant sind, als ihre Behandlung oder Nichtbehandlung in den Kommissionen indirekt einen Hinweis über die implizite Hauptzuschreibung derselben zur Individual- bzw. zur Sozialethik, in einigen oder anderen Sektoren dieser Disziplinen, geben.

An dieser Stelle kann ich auf eine persönliche Erfahrung zurückgreifen. Ich bin seit einigen Jahren und heute immer noch überzeugt, daß die Herausforderungen, welche durch die neuen *biotechnologischen Verfahren* möglich und zugänglich geworden sind, in erster Linie Herausforderungen *in sozialethischer Hinsicht* sind. Die Tatsache, daß unter

---

10 Vgl. *Les Commissions nationales Justice et Paix,* a.a.O.

den vielen Anwendungsmöglichkeiten der modernen Biotechnologie auch solche anzutreffen sind, welche Konsequenzen auch für das klassische Verständnis der Ehe und des sexuellen Aktes haben, wie im Falle der neuen Reproduktionstechniken,[11] ändert an der vorher vorgeschlagenen Zuschreibung nichts Wesentliches. Verschiedentlich habe ich im Rahmen der Diskussionen bei mehr oder weniger informellen Gesprächen zwischen den Delegierten der *Justitia et Pax*-Kommissionen versucht, diese Behandlungsperspektive zu initiieren.
Die meisten Kommissionen reagierten mit dem Hinweis, daß Probleme der Bioethik nicht im Zuständigkeitsbereich von *Justitia et Pax* liegen, sondern eher entweder in der direkten Kompetenz der jeweiligen Bischofskonferenzen oder im Bereich der Familienkommissionen. Eine eingehende Diskussion zu dieser Problematik in der schweizerischen Kommission führte hingegen zur Schaffung einer *Arbeitsgruppe für Bioethik* und zur Anerkennung durch den Delegierten der Bischofskonferenz, der partiellen Zuständigkeit der Kommission für das Studium der Probleme dieses Lebensbereiches[12] und für Stellungnahmen dazu. In nächster Zeit wird die schweizerische Kommission andere bioethische Problemkomplexe *sozialethisch* vertiefen.
Diese Erweiterung der behandelten Probleme ist aber nicht ohne Schwierigkeiten. Sie sieht etwa eine anders gelagerte Gewichtung der Verhältnisse zwischen Individual- und Sozialethik, und diese neue Gewichtung ist nur aufgrund einer vertieften *fundamentalethischen* Auseinandersetzung möglich. Letztere kann sicherlich in einer Kommission, welche von Theoretikern und Praktikern gebildet ist, nicht restlos bewältigt werden.
Ein anderes Beispiel aus meiner Präsidentschaft ist mir in ihrer theologischen Exemplarität in Erinnerung geblieben. Die flämische Kommission erarbeitete im Jahre 1986 ein Dokument zur Problem der *"Menschenrechte in der Kirche."*[13] Alle europäische Kommissionen wurden

---

11 Dazu habe ich mich geäußert in: *Ethische Überlegungen zum Problemkreis In-vitro-Fertilisation und Embryo-Transfer,* in: Schweizerische Kirchenzeitung 155 (1987) 66-69, in diesem Band 69-80.

12 Vgl. die erste Stellungnahme in diesem Zusammenhang: *Erfüllung des Kinderwunsches durch künstliche Befruchtungsmethoden?* Hrsg. von der Schweizerischen Nationalkommission Justitia et Pax. Bern 1988.

13 Vgl. *Les droits de l'homme dans l'Eglise*. Hrsg. von der Kommisie Rechtvaardigheid en Vrede. Brussel 1986. Vom Dokument existieren eine flämische Originalversion, vollständige Übersetzungen ins Französische, Spanische und eine unvollständige Version auf italienisch.

indirekt mit dem Problem konfrontiert, indem ihm eine sogenannte *"réunion élargie"*, d.h. eine breitere europäische Zusammenkunft,[14] gewidmet wurde. Die Tagung in Delsberg zeigte indirekt, mit welcher theologischen Sensibilität und Präferenz die jeweiligen Kommissionen einem solchen Thema begegneten. Für einige gehörte die Thematik zum "Innenleben" der Kirche, d.h. zu einem Bereich, welcher wesentlich durch andere Kriterien regiert wird. Ein sozialethisches Gremium wie *Justitia et Pax* wäre demnach inkompetent, sich zu einer solchen Problematik zu äußern. Andere Kommissionen milderten diese Selbstdistanzierung vom Thema mit dem praktischen Hinweis auf die mangelnde Kompetenz in spezifischen kirchenrechtlichen Fragen.
Andere Kommissionen schließlich betonten die sozialethische Pertinenz des Problems, welche durch ekklesiologische und kirchenrechtliche Spezifitäten nicht außer Kraft gesetzt werden kann und darf. Mit anderen Worten gelten die Grundnormen in der Ausübung der *Gerechtigkeitsanforderungen* auch in einem besonderen Gemeinwesen wie eben der Kirche. Es ist also sowohl ethisch als auch theologisch korrekt, von *Menschenrechten in der Kirche* ausdrücklich zu reden, und es ist legitim, eine kirchliche Stellungnahme zum Problem zu veröffentlichen.
Es ist nicht meine Absicht, hier diese spannende Problematik materiell zu behandeln. Ich möchte nur mit diesen knappen Hinweisen die verschiedenen theologischen Präferenzen, welche in den verschiedenen Kommissionen am Werke sind, hervorheben und gewichten. Es geschehen hier, ähnlich wie bei der bioethischen Problematik, meist unbewußte Prozesse der *Zuschreibung* und/oder der *Abschreibung* von Problemen oder einer bestimmter Fragestellung und/oder von bestimmten Untersuchungsmethoden.
Je nachdem wird die Frage der Menschenrechte für das innerkirchliche Zusammenleben als pertinent, relevant oder als "analog gültig" betrachtet. Die hier von manchen Kommissionen vertretene Analogie zwischen dem kirchlichen und dem "zivilen" Zusammenleben erfuhr in den Beratungen von Delsberg eine Reihe von je anders gelagerten Kombinationen. Ein verbindlicher Konsens konnte in der Kürze der Zeit kaum zustande kommen. Die verschiedenen europäischen Kommissionen verpflichteten sich aber, das Problem auf nationaler Ebene, im Hinblick auf eine spätere europäische Zusammenkunft, weiter zu vertiefen.
Wenn das Beispiel der Behandlung bioethischer Probleme in einer *Justitia et Pax*-Kommission indirekt dazu diente, die Problematik der

---

14 Letztere fand im Oktober 1986 in Delsberg (Jura/Schweiz) statt.

Breite sozialethischer Fragestellungen plastisch zu schildern, das Beispiel der Thematik *"Menschenrechte in der Kirche"* evoziert indirekt die praktische Relevanz fundamentalethischer Debatten, wie etwa die moraltheologische Diskussion um die Spezifität der christlichen Ethik und ihre Weiterführung in der sogenannten *Autonomiedebatte*.[15]

4. Verbleibende fundamentale Schwierigkeiten und Chancen

Ich habe die Arbeit in *Justitia et Pax* als eine große theologisch-kirchliche und zugleich als eine intensive politische Sensibilisierungsschule erfahren. Die strukturelle Durchmischung von Männern und Frauen, Laien, Klerikern und Ordensleuten sowie von Theologen/innen und Vertreter/innen anderer Disziplinen und praktischen Handlungsfeldern war für alle eine Zumutung und Bereicherung zugleich.
Als Theologe konnte ich zuerst feststellen, wie die klassische Zuordnung zwischen Individual- und Sozialethik, welche in einer *ordnungstheologisch* argumentierenden Moraltheologie anzutreffen ist, kaum von den verschiedenen Kommissionsmitgliedern verinnerlicht und noch weniger wahrgenommen wurde. Mehr oder weniger bewußt bezogen sich praktisch alle Kommissionen zu einer Vorstellung des Verhältnisses zwischen Rechten und Pflichten der Individuen und der Gemeinwesen, welche wesentlich dialektisch bestimmt war. In diesem Sinne konnte ich feststellen wie, mehr oder weniger bewußt, doch das "Erbe der Aufklärung" bis in die innersten psychologischen Strukturen dieser katholischen Gremien eingedrungen ist.
Auch bei der Behandlung von Problemen, die in der ordnungstheologischen Perspektive in der Theologiegeschichte eine eindeutige Antwort erhalten hatten, werden andere Argumentationsmuster sichtbar. Ich denke hier konkret z.B. an das Problem der theologischen Legitimation der *Todesstrafe*, welches Gegenstand von wiederholten Eingaben an die päpstliche *Justitia et Pax* war. Hier orientieren sich die Interventionen der Delegierten der verschiedenen Kommissionen eher zu personalistischen Argumentationsmustern und betonen die *prinzipielle Unverfügbarkeit der Person*, auch gegenüber berechtigten Ansprüchen des Staates.[16] Einzelne Kommissionen werden sich der Schwierigkeiten und

---

15 Vgl. zur letzten Thematik meine bibliographische Übersicht in: *"Autonomie" und "autonome Moral." Untersuchungen zu einem Schlüsselbegriff*, in: Concilium 20 (1984) 167-173.

16 Bis heute hat weder die päpstliche Kommission *Justitia et Pax* noch eine andere Instanz des

der Diskontinuität zwischen der klassischen *"Soziallehre der Kirche"* und der Ethik der Menschenrechte, welche das Erbe der Aufklärung aufnehmen will, bewußt.[17]
In letzter Zeit melden sich aber auch neue Herausforderungen. Die europäischen Kommissionen stellen einerseits fest, daß ihre "Integration" wesentlich langsamer fortschreitet als die der "säkularen" Strukturen des wirtschaftlichen, politischen und sozialen Gemeinwesens. In der Tat ist das Europa der Kirchen wesentlich umfassender als das der Politiker. Dies entschuldigt aber nicht die relative Verbindungslosigkeit, mit der katholischerseits die europäischen Gremien (also nicht nur *Justitia et Pax*) von den Bischöfen wahrgenommen werden. Die Bischöfe selbst finden in den nationalen Bischofskonferenzen ihre bevorzugte organisatorische Struktur.
Die durch die CCEE und die KEK einberufene ökumenische Bewegung bzw. konziliare Prozeß für *Gerechtigkeit, Frieden und Bewahrung der Schöpfung (GFS)*[18] verlangt von den katholischen Strukturen und vor allem von den jeweiligen *Justitia et Pax*-Kommissionen stärkere Anstrengungen, sowohl in prinzipiell theologischer als auch in organisatorischer Hinsicht.
Durch diese Erfahrung wird die sozialethische Konfrontation zwischen verschieden argumentierenden Traditionen direkter, aber auch bereichernder. So ist die ökologische Problematik, welche vor allem in den Kommissionen der südeuropäischen Ländern ethisch unterbeleuchtet war, immer mehr Gegenstand ethischer Reflexion und praktischer Stellungnahmen.
Eine letzte und noch radikalere Herausforderung der europäischen Arbeit von *Justitia et Pax* ist durch die ethischen Anforderungen der weltweiten Solidarität, im Hinblick auf eine gerechtere Verteilung der Güter und Ressourcen der Natur und im Hinblick auf die Einhaltung der elementaren Grundrechte der Person, gegeben. Leider erlauben die sehr bescheidenen Mittel der einzelnen Kommissionen keine kontinuierlichen Kontakte mit Schwester-Kommissionen anderer Kontinente,

---

Heiligen Stuhles zu diesem Problem explizit Stellung genommen. Wir hoffen immer auf eine eingehende Auseinandersetzung und auf eine dezidierte Stellungnahme.

17 So gibt die schweizerische Kommission eine ausführliche Studie zu dieser Problematik in Auftrag. Vgl. Furger, F. - Strobel-Nepple, C.: *Menschenrechte und katholische Soziallehre.* Freiburg i. Ue. 1985 (= Gerechtigkeit und Frieden Nr. 4).

18 Zu dieser Initiative hat das europäische *Comité de continuité* der verschiedenen *Justitia et Pax*-Kommissionen eine sogenannte *réunion élargie* organisiert. Letztere fand im Okober 1988 in Köln statt. Es sprachen Prof. Dr. C. F. von Weizsäcker und Dr. Antonio Autiero.

vor allem mit Kommissionen der Dritten Welt. Hier spielen einige Kommissionen eine inoffizielle, aber reale Drehscheibenfunktion. Ich denke vor allem an die französische und an die deutsche Kommission. Die erste ist durch ihren Sitz in Paris dazu prädestiniert, Kontaktort für viele Kirchenvertreter/innen aus der Dritten Welt zu sein. Viele Bischofskonferenzen in Europa wurden durch diese informelle Kontaktmöglichkeit für schwere Schicksale aus anderen Ländern besonders sensibilisiert.

Die deutsche Kommission ihrerseits konnte ihre *Stelle für Menschenrechtsfragen* auch für europäische Aufgaben und Initiativen mobilisieren. Durch diese Vermittlung und Zusammenarbeit kam die, persönlich betrachtet, interessanteste Erfahrung meiner Präsidentschaftszeit zustande. Ich konnte in der Tat, durch die organisatorische und inhaltliche Hilfe dieser Stelle, eine europäische Anwaltsdelegation nach Chile begleiten und leiten. In diesem Land, welches unter diktatorischen Lebensbedingungen litt und leidet, konnten wir nicht nur Verfolgten unsere Solidarität zeigen und ihnen beistehen, sondern auch selber vieles über uns selbst und über unsere Aufgaben in unseren europäischen Ländern lernen.[19] Durch diese verschiedenen Erfahrungen wird vor allem die theologische Dimension der Arbeit der Kommissionen *Justitia et Pax* evident. Die Kommissionen können selber weder vollkommene Gerechtigkeit noch gelungenen Frieden herstellen. Beide Größen sind letztlich vom Herrn der eigenen Kirche und der ganzen Menschheit geschenkt. Im sozialethisch motivierten und argumentativ begründeten Engagement wird diese gnadenhafte Dimension nicht geschmälert, sondern eher recht sichtbar.

---

19 Vgl. dazu Deutsche Kommission Justitia et Pax: *Gesetz, Justiz und Repression in Chile*. Bonn 1987, und neuerdings Dies.: *Gerechtigkeit, Demokratisierung und Versöhnung*. Bonn 1989.

Studien zur theologischen Ethik
Etudes d'éthique chrétienne

Herausgegeben durch das moraltheologische Institut
der Universität Freiburg Schweiz
unter der Leitung von A. Holderegger und C.-J. Pinto de Oliveira

Bisher erschienen:

1. *C.-J. Pinto de Oliveira,* La crise du choix moral dans la civilisation technique, 1977, 160 p.
2. *D. Mieth,* Moral und Erfahrung. Beiträge zur theologisch-ethischen Hermeneutik, 1982, 185 S. (3. erw. Auflage).
3. Ethik im Kontext des Glaubens. Probleme – Grundsätze – Methoden. Hrsg. von *D. Mieth* und *F. Compagnoni,* 1978, 186 S.
   Autoren: *K. Demmer, J. Fuchs, R. Ginters, W. Korff, E. Schillebeeckx, O. Schwemmer* und *Th. Styczen.* (vergriffen)
4. Autonomie. Dimensions éthiques de la liberté. Ed. par. *C.-J. Pinto de Oliveira,* 1978, 222 p.
   Auteurs: *J. Artadi, R. Berthouzoz, A. Bondolfi, F. Compagnoni, D. Mieth, S. Pinckaers, C.-J. Pinto de Oliveira, E. Schawe* et *G. Vergauwen.*
5. *A. Holderegger,* Suizid und Suizidgefährdung. Humanwissenschaftliche Ergebnisse – anthropologische Grundlagen, 1979, 380 S.
7. *J.-M. Bochenski,* Qu'est-ce que l'autorité? Introduction à la logique de l'autorité. Version française augmentée d'un appendice inédit et présentée par *Ph. Secretan,* 1979, 140 p.
8. *R. Berthouzoz,* Liberté et Grâce suivant la théologie d'Irénée de Lyon. Le débat avec la gnose aux origines de la théologie chrétienne, 1980, 288 p.
9. L'Ordre en question. Harmonie ou Totalité? Ed. par *Ph. Secretan,* 1980, 168 p.
   Auteurs: *A. Birou, G. Flattet, B. Hauck, L. Herrmann, J.-C. Piguet, C.-J. Pinto de Oliveira, R. Ruffieux, Ph. Secretan, H.-Ch. Tauxe* et *P. Vogel.*
10. Recht und Sittlichkeit. Hrsg. von *J. Gründel,* 1982, 159 S.
    Autoren: *A. Auer, A. Gläßer, J. Gründel, O. Höffe, P. Huizing, A. Kaufmann, D. Mieth* und *G. Teichtweier.*
11. Dictionnaire de Morale, Ed. par *O. Höffe.* Version française adaptée et augmentée sous la direction de *Ph. Secretan,* 1982, X–240 p.
    Auteurs: *M. Forschner, N. Frieden-Markévitch, O. Höffe, A. Schöpf, Ph. Secretan, R. Suarez de Miguel et W. Vossenkuhl.*
12. Der ethische Kompromiß. Hrsg. von *H. Weber,* 1984, 146 S.
    Autoren: *W. Breuning, V. Eid, G. Lohfink, D. Mieth* und *H. Weber.*
13. *C. Spicq OP,* Connaissance et Morale dans la Bible, 1985. 186 p.

14. *S. Pinckaers OP,* Les sources de la morale chrétienne, 1985, 526 p.

15. *K. Demmer,* Deuten und Handeln, 1985, 240 S.

16. Universalité et permanence des Lois morales, édité par Servais (Th.) Pinckaers et Carlos Josaphat Pinto de Oliveira, 1986, 454 p.

    Auteurs: *M. Gilbert, M. Vellanickal, A.-L. Descamps, J. Dupont, A.-A. Trape, J. Gribomont, M. Spanneut, J.-L. Brugues, L. Vereecke, J.-H. Walgrave, C. Caffarra, G. Cottier, T. Styczen, D. Composta, S. Pinckaers, C.-J. Pinto de Oliveira, J.-M. Aubert, F. Compagnoni, M. Vidal, D. Tettamanzi, D. Capone* et *Ph. Delhaye.*

17. *D. Mieth,* Die Spannungseinheit von Theorie und Praxis. Theologische Profile, 1986, 144 S.

18. *U. Rauchfleisch,* Psychoanalyse und theologische Ethik. Neue Impulse zum Dialog. 1986, 152 S.

19. *S. (Th.) Pinckaers OP,* Ce qu'on ne peut jamais faire, 1987, 140 p.

20. *W. Göbel,* Christliche Hoffnung und Handlungsvernunft. Beiträge zur Fundamentalmoral, 1987, 144 S.

21. *J.-P. Wils,* Sittlichkeit und Subjektivität. Zur Ortsbestimmung der Ethik im Strukturalismus, in der Subjektivitätsphilosophie und bei Schleiermacher, 1987, 472 S.

22. De Dignitate Hominis. Mélanges offerts à C.-J. Pinto de Oliveira à l'occasion de son 65e anniversaire, Ed. par *A. Holderegger, R. Imbach* et *R. Suarez de Miguel,* 1987, 612 p.

23. *K. Demmer:* Leben in Menschenhand. Grundlagen des bioethischen Gesprächs, 1987, 160 p.

24. *H. Ringeling:* Leben im Anspruch der Schöpfung. Beiträge zur Fundamental- und Lebensethik. 1988, 166 S.

25. *J. Fuchs:* Für eine menschliche Moral. Grundfragen der theologischen Ethik. Band I: Normative Grundlegung. 1988, 340 S.

26. *J. Fuchs:* Für eine menschliche Moral. Grundfragen der theologischen Ethik. Band II: Etische Konkretisierung, 1989, 316 S.

27. *K. Demmer:* Moraltheologische Methodenlehre. 1989, 223 S.

28. *U. Christoffer:* Erfahrung und Induktion. Zur Methodenlehre philosophischer und theologischer Ethik, 1989, 232 S.

29. *S. (Th.) Pinckaers OP,* L'Evangile et la morale, 1990, 296 p.

UNIVERSITÄTSVERLAG FREIBURG SCHWEIZ
VERLAG HERDER FREIBURG – WIEN